Mikrovågsinspirerade maträtter 2023

Snabba och enkla recept för en stressfri matlagning

Viola Jonsson

Innehållsförteckning

grekiska svampar 16

Kronärtskockor vinägrett 17

Caesarsallad 18

Holländsk cikoria med ägg och smör 19

Äggmajonnäs 20

Ägg med Skordaliamajonnäs 21

Scotch Woodcock 22

Ostfondue 22

Fondue med cider 23

Fondue med äppeljuice 24

Rosa Fondue 24

Rökig Fondue 24

Tysk ölfondue 25

Fondue med eld 25

Curryfondue 25

Fonduta 25

Mock ost och tomatfondue 26

Mock ost- och sellerifondue 26

Italiensk ost, grädde och äggfondue 27

Holländsk bondgårdsfondue 28

Bondgård Fondue med en Kick 29

Bakat ägg Flamenco stil 30

Bröd och smörost och persiljepudding 31

Bröd och smörost och persiljepudding med cashewnötter 32

Fyrost bröd och smörpudding 32

Ost och äggsmulor 33

Upp och ner ost och tomatpudding 34

Pizza Crumpets 35

Gingered havsabborre med lök 36

Öringpaket 37

Glänsande marulk med smala bönor 38

Lysande räkor med Mangetout 39

Normandie Torsk med Cider och Calvados 40

Fisk Paella 42

Soused sillar 43

Moules Marinières 44

Makrill med rabarber och russinsås 46

Sill med äppelcidersås 48

Karp i gelésås 48

Rollmops med aprikoser 49

Pocherad Kipper 50

Räkor Madras 51

Martini rödspätta rullar med sås 52

Skaldjur Ragout med valnötter 54

Torsk Hot-pot 56

Rökt torsk Hot-pot 57

Marulk i gyllene citrongräddsås 57

Sula i gyllene citrongräddsås 59

Lax Hollandaise 59

Lax Hollandaise med koriander 60

Laxmajonnäsflinga 61

Laxstek i medelhavsstil 62

Kedgeree med Curry 63

Kedgeree med rökt lax 64

Rökt fiskquiche 65

Louisiana Räk Gumbo 66

Marulk Gumbo 67

Blandad fisk Gumbo 67

Öring med mandel 68

Provencalska räkor 69

Rödspätta i sellerisås med rostad mandel 70

Filéer i tomatsås med mejram 71

Filéer i svampsås med vattenkrasse 71

Hashad torsk med pocherade ägg 72

Kolja och grönsaker i cidersås 74

Seaside paj 75

Smoky Fish Toppers 77

Coleyfiléer med purjolök och citronmarmelad 77

Havsfisk i en jacka 78

Svensk torsk med smält smör och ägg 79

Skaldjur Stroganoff 80

Färsk tonfisk Stroganoff 81

Vit fisk Ragout Supreme 82

Laxmousse 83

Dieters laxmousse 85

Crab Mornay 86

Tonfisk Mornay 87

Röd laxmornay 87

Kombination av skaldjur och valnöt 87

Laxring med dill 89

Blandad fiskring med persilja 90

Torskgryta med bacon och tomater 91

Slimmers fiskgryta 92

Rostad kyckling 95

Glaserad stekt kyckling 96

Tex-mex kyckling 97

Kröningskyckling 98

Kyckling Veronique 99

Kyckling i vinägersås med dragon 100

Dansk stekt kyckling med persiljafyllning 100

Kyckling Simla 101

Kryddig kyckling med kokos och koriander 101

Kryddig kanin 102

Kryddigt Turkiet 103

Kyckling Bredie med tomater 103

Kinesisk röd kokt kyckling 104

Aristokratiska kycklingvingar 105

Chicken Chow Mein 106

Kycklingkotlett Suey 107

Expressmarinerad kinesisk kyckling 108

Hong Kong kyckling med blandade grönsaker och böngroddar ... 108

Kyckling med Golden Dragon Sauce 109

Ingefära kycklingvingar med sallad 110

Bangkok kokosnötskyckling 111

Kyckling satay 112

Jordnötskyckling 113

Indisk kyckling med yoghurt 114

Japansk kyckling med ägg 115

Portugisisk kycklinggryta 116

Spicy Chicken Casserole i engelsk stil 117

Kompromissa Tandoori Chicken 117

Bräserat nötkött och grönsaker 119

Köttgryta 120

Nötkött och grönsaker Hot-pot 121

Biff curry 122

Grundläggande köttfärs 123

Keso paj 124

Stugpaj med ost 124

Hacka med havre 125

Chili con Carne 125

Curryfärs 126

Gulasch av nötkött 126

Nötkött gulasch med kokt potatis 127

Smörböna och nötköttgryta med tomater 128

Nötkött och tomatkaka 128

Nötkött och svampkebab 129

Fyllt lamm 131

Mintad lammkebab 132

Klassisk lammkebab 133

Mellanöstern lamm med frukt 134

Mock Irish Stew 135

Bondens fru lammkotletter 136

Lamm Hot-pot 137

Lammlimpa med mynta och rosmarin 138

Lammbredie med tomater 139

Lamm Biriani 140

Utsmyckad Biriani 141

Moussaka 142

Moussaka med potatis 143

Snabb Moussaka 144

Lammfärs 145

Shepherd's Pie 145

Lantlever i rött vin 146

Lever och bacon ... 147

Lever och bacon med äpple ... 148

Njurar i rött vin med konjak ... 149

Rådjursbiffar med ostronsvamp och blåmögelost ... 151

Laga liten pasta ... 152

Kinesisk nudel- och svampsallad med valnötter ... 152

Peppar makaroner ... 153

Familj makaronost ... 154

Klassisk makaronost ... 155

Makaronost med Stilton ... 156

Makaronost med bacon ... 156

Makaronost med tomater ... 156

Spaghetti carbonara ... 157

Makaroniost i pizza-stil ... 158

Spaghettikräm med vårlök ... 159

Spaghetti bolognese ... 160

Spaghetti med Turkiet Bolognese sås ... 161

Spaghetti med Ragusås ... 162

Spaghetti med smör ... 163

Pasta med vitlök ... 164

Spaghetti med nötkött och blandad grönsaksbolognesesås ... 165

Spaghetti med köttfärssås och grädde 166

Spaghetti med Marsala köttsås 166

Pasta alla Marinara 167

Pasta Matriciana 168

Pasta med tonfisk och kapris 169

Pasta Napoletana 170

Pasta Pizzaiola 170

Pasta med ärtor 171

Pasta med kycklingleversås 171

Pasta med ansjovis 172

Ravioli med sås 172

Tortellini 173

Lasagne 174

Pizza Napoletana 175

Pizza Margherita 175

Skaldjurspizza 176

Pizza Siciliana 176

Svamppizza 176

Skinka och ananaspizza 176

Pepperoni pizzor 177

Smört flingad mandel 178

Flingad mandel i vitlökssmör ... 178

Torkade kastanjer ... 178

Torkande örter ... 179

Frasande brödsmulor ... 180

Nötburgare ... 180

Nutkin tårta ... 181

Bovete ... 182

Bulgar ... 183

Bulgar med stekt lök ... 184

Tabbouleh ... 185

Sultans sallad ... 186

Couscous ... 187

Gröpe ... 188

Gnocchi alla Romana ... 189

Skinka Gnocchi ... 190

Hirs ... 191

Polenta ... 192

Grillad Polenta ... 193

Polenta med pesto ... 193

Polenta med soltorkad tomat eller olivpasta ... 193

Quinoa ... 194

Rumänsk Polenta *195*

Curryris *196*

Keso och risgryta *197*

Italiensk risotto *198*

Svamprisotto *199*

brasilianskt ris *199*

Spanskt ris *200*

Vanlig turkisk pilaf *201*

Rik turkisk pilaf *202*

Thailändskt ris med citrongräs, limeblad och kokos *203*

Okra med kål *204*

Rödkål med äpple *204*

Rödkål med vin *206*

Norsk surkål *207*

Stewed Okra i grekisk stil med tomater *207*

Gröna med tomater, lök och jordnötssmör *208*

Sötsyrlig gräddbetor *209*

Rödbetor i apelsin *210*

Pilselleri *211*

Selleri med apelsin Hollandaisesås *212*

grekiska svampar

Serverar 4

1 bukett garnipåse
1 vitlöksklyfta, krossad
2 lagerblad
60 ml/4 msk vatten
30 ml/2 msk citronsaft
15 ml/1 msk vinäger
15 ml/1 msk olivolja
5 ml/1 tsk salt
450 g/1 lb knappsvamp
30 ml/2 msk hackad persilja

Lägg alla ingredienser utom champinjonerna och persiljan i en stor skål. Täck med en plåt och värm på Full i 4 minuter. Rör ner svampen, täck som tidigare och koka på Full i ytterligare 3½ minuter. Kyl, täck över och kyl sedan i flera timmar. Ta bort bouquet garni och lyft sedan upp svampen på fyra tallrikar med hjälp av en sked, strö över persiljan och servera.

Kronärtskockor vinägrett

Serverar 4

450 g jordärtskockor
Vinägrettdressing, hemgjord eller köpt
10 ml/2 tsk hackad persilja
5 ml/1 tsk hackad dragon

Lägg kronärtskockorna och lite vatten i en form och täck med en tallrik. Koka på Full i 10 minuter, vänd på skålen två gånger. Låt rinna av ordentligt och skiva tjockt. Klä med vinägrettdressingen medan den fortfarande är varm. Dela mellan fyra tallrikar och strö över persilja och dragon.

Caesarsallad

Serverar 4

En unik sallad, skapad på tjugotalet av Caesar Cardini, som ovanligt innehåller ägg. Det är en fantastiskt enkel förrätt men har klassisk chic.

1 cos (romaine) sallad, kyld

1 vitlöksklyfta, krossad

60 ml/4 msk extra virgin olivolja

Salt och nymalen svartpeppar

2 stora ägg

5 ml/1 tsk Worcestershiresås

Saften av 2 citroner, silad

90 ml/6 msk nyriven parmesanost

50 g/2 oz/1 kopp vitlökscroûtoner

Skär salladen i 5 cm/2 bitar och lägg i en salladsskål med vitlök, olja och krydda efter smak. Kasta försiktigt. Klä en spannmålsskål med plastfolie (plastfolie) och bryt in äggen för att kura äggen. Koka utan lock på upptining i 1½ minut. Lägg till salladsskålen med alla återstående ingredienser och rör om igen tills det är ordentligt blandat. Lägg upp på tallrikar och servera direkt.

Holländsk cikoria med ägg och smör

Serverar 4

8 huvuden cikoria (belgisk endive)
30 ml/2 msk citronsaft
75 ml/5 msk kokande vatten
5 ml/1 tsk salt
75 g/3 oz/1/3 kopp smör, i kökstemperatur och ganska mjukt
4 hårdkokta (hårdkokta) ägg, hackade

Putsa cikoria och skär ut en konformad bit från basen av varje för att förhindra en bitter smak. Ordna cikoria i ett enda lager i en 20 cm/8 i diameter form och tillsätt citronsaft och vatten. Strö över saltet. Täck med plastfolie (plastfolie) och skär den två gånger så att ångan kan komma ut. Koka på Full i 15 minuter. Låt stå i 3 minuter och låt rinna av. Medan cikoria kokar, vispa smöret tills det blir ljust och krämigt. Blanda i äggen. Lägg upp cikoria på fyra värmda tallrikar och toppa med äggblandningen. Ät direkt.

Äggmajonnäs

Serverar 1

En av Frankrikes standardförrätter, äggmajonnäs är tillförlitligt aptitretande och kan varieras efter smak.

Strimlade salladsblad
1–2 hårdkokta (hårdkokta) ägg, halverade
Majonnässås, eller använd köpt majonnäs
4 konserverade ansjovisfiléer i olja
1 tomat, skuren i klyftor

Lägg upp salladen på en tallrik. Toppa med äggen, skär sidorna nedåt. Klä ganska tjockt med majonnäs och garnera sedan efter smak med ansjovis och tomatklyftor.

Ägg med Skordaliamajonnäs

Serverar 4

En förenklad version av en komplex vitlöks- och ströbrödsmajonnässås som kompletterar äggens fulla smak och konsistens.

150 ml/¼ pt/2/3 kopp majonnässås
1 vitlöksklyfta, krossad
10 ml/2 tsk färskt vitt ströbröd
15 ml/1 msk mald mandel
10 ml/2 tsk citronsaft
10 ml/2 tsk hackad persilja
Strimlade salladsblad
2 eller 4 hårdkokta (hårdkokta) ägg, halverade
1 rödlök, mycket tunt skivad
Små grekiska svarta oliver, till garnering

Blanda samman majonnäs, vitlök, ströbröd, mandel, citronsaft och persilja. Lägg upp salladen på en tallrik och toppa sedan med ägghalvorna. Klä med majonnäsblandningen och garnera sedan med lökskivorna och oliverna.

Scotch Woodcock

Serverar 4

Detta tillhör den gamla ligan av City gentlemen's clubs och, serverad varm, är den fortfarande en av de mest exklusiva kanapéerna.

4 skivor bröd
Smör
Gentleman's Relish eller ansjovispasta
2 kvantiteter Extra krämig äggröra
Några konserverade ansjovisfiléer i olja, till garnering

Rosta brödet och bred sedan med smör. Bred ut tunt med Gentleman's Relish eller ansjovispasta, skär varje skiva i fjärdedelar och håll den varm. Gör den extra krämiga äggröran och skeda över till rostat bröd. Garnera med ansjovisfiléer.

Ostfondue

Serverar 6

Född i Schweiz, är Cheese Fondue afterski-älsklingen i alpina orter eller någon annanstans med djup snö på höga toppar. Att doppa ditt bröd i en gemensam kastrull med aromatisk smält ost är ett av de mest gemytliga, underhållande och avkopplande sätten att njuta av en måltid med vänner och det finns ingen bättre kökshjälp för detta än mikrovågsugnen. Servera med små bitar av Kirsch och koppar varmt citronte för en autentisk atmosfär.

1–2 vitlöksklyftor, skalade och halverade
175 g/6 oz/1½ koppar emmentalerost, riven
450 g/1 lb/4 koppar Gruyère (Schweizisk) ost, riven
15 ml/1 msk majsmjöl (majsstärkelse)
300 ml/½ pt/1¼ koppar Moselvin
5 ml/1 tsk citronsaft
30 ml/2 msk Kirsch
Salt och nymalen svartpeppar
Franskt bröd i tärningar, för doppning

Pressa de skurna sidorna av vitlökshalvorna mot sidorna av en djup 2,5 liters/4½ pt/11 koppsform av glas eller keramik. Alternativt, för en starkare smak, krossa vitlöken direkt i rätten. Tillsätt både ostarna, majsmjölet, vinet och citronsaften. Koka utan lock på Full i 7–9 minuter, rör om fyra gånger, tills fonden börjar bubbla försiktigt. Ta ur mikrovågsugnen och blanda i Kirsch. Krydda väl efter smak. Ta fram rätten till bordet och ät genom att skjuta en tärning bröd på en lång fonduegaffel, virvla runt den i ostblandningen och lyft sedan ut den.

Fondue med cider

Serverar 6

Förbered som för ostfondue, men ersätt vinet med torr cider och calvados mot Kirsch och servera tärningar av rödskal äpple samt brödtärningar för doppning.

Fondue med äppeljuice

Serverar 6

En alkoholfri Fondue med en mild smak och passar alla åldrar.

Förbered som för ostfondue, men ersätt vinet med äppeljuice och utelämna Kirsch. Späd vid behov med lite hett vatten.

Rosa Fondue

Serverar 6

Förbered som för ostfondue, men ersätt 200 g/7 oz/1¾ koppar vardera vit Cheshire-ost, Lancashire-ost och Caerphilly-ost mot Emmental- och Gruyère-ostarna (Schweiziska) och rosévinet med det vita vinet.

Rökig Fondue

Serverar 6

Förbered som för ostfondue, men ersätt 200 g/7 oz/1¾ koppar rökt ost mot hälften av Gruyère-osten (schweizer). Mängden emmentaler är oförändrad.

Tysk ölfondue

Serverar 6

Förbered som för ostfondue, men ersätt vinet med öl och konjak mot Kirsch.

Fondue med eld

Serverar 6

Förbered som för ostfondue, men tillsätt 2–3 röda chili, kärnade och mycket fint hackade, strax efter majsmjölet (majsstärkelsen).

Curryfondue

Serverar 6

Förbered som för ostfondue, men tillsätt 10–15 ml/2–3 tsk mild currypasta med ostarna och ersätt Kirsch med vodka. Använd bitar av värmt indiskt bröd för att doppa.

Fonduta

Serverar 4–6

En italiensk version av ostfondue, oerhört läcker.

Förbered som för ostfondue, men ersätt den italienska Fontina-osten med ostarna Gruyère (Schweiziska) och Emmental, torrt vitt italienskt vin till Mosel och marsala mot Kirsch.

Mock ost och tomatfondue

Serverar 4–6

225 g/8 oz/2 koppar mogen cheddarost, riven
125 g/4 oz/1 kopp Lancashire- eller Wensleydaleost, smulad
300 ml/10 fl oz/1 burk kondenserad tomatsoppa
10 ml/2 tsk Worcestershiresås
En skvätt varm pepparsås
45 ml/3 msk torr sherry
Uppvärmt ciabattabröd, att servera

Lägg alla ingredienser utom sherryn i en 1,25 liter/2¼ pt/5½ koppsform av glas eller keramik. Koka utan lock på upptining i 7–9 minuter, rör om tre eller fyra gånger, tills fonden tjocknat jämnt. Ta ur mikrovågsugnen och rör ner sherryn. Ät med bitar varmt ciabattabröd.

Mock ost- och sellerifondue

Serverar 4–6

Förbered som för skenost och tomatfondue, men ersätt tomatsoppan med kondenserad sellerisoppa och smaksätt med gin istället för sherry.

Italiensk ost, grädde och äggfondue

Serverar 4–6

1 vitlöksklyfta, krossad

50 g/2 oz/¼ kopp osaltat (sött) smör, vid kökstemperatur

450 g/1 lb/4 koppar Fontina ost, riven

60 ml/4 msk majsmjöl (majsstärkelse)

300 ml/½ pt/1¼ koppar mjölk

2,5 ml/½ tsk riven muskotnöt

Salt och nymalen svartpeppar

150 ml/¼ pt/2/3 kopp vispgrädde

2 ägg, vispade

Italienskt bröd i tärningar, att servera

Lägg vitlök, smör, ost, majsmjöl, mjölk och muskotnöt i en djup 2,5 liters/4½ pt/11 koppsform av glas eller keramik. Krydda efter smak. Koka utan lock på Full i 7–9 minuter, rör om fyra gånger, tills fonden börjar bubbla försiktigt. Ta ur mikron och blanda i grädden. Koka utan lock på Full i 1 minut. Ta ut ur mikrovågsugnen och vispa gradvis i äggen. Servera med italienskt bröd till doppning.

Holländsk bondgårdsfondue

Serverar 4–6

En mjuk och mild fondue, mild nog för barn.

1 vitlöksklyfta, krossad

15 ml/1 msk smör

450 g/1 lb/4 koppar Goudaost, riven

15 ml/1 msk majsmjöl (majsstärkelse)

20 ml/4 tsk senapspulver

En nypa riven muskotnöt

300 ml/½ pt/1¼ kopp helmjölk

Salt och nymalen svartpeppar

Tärningsbröd, att servera

Lägg alla ingredienserna i en djup 2,5 liters/4½ pt/11 koppsform av glas eller keramik, krydda väl efter smak. Koka utan lock på Full i 7–9 minuter, rör om fyra gånger, tills fonden börjar bubbla försiktigt. Ta fram rätten till bordet och ät genom att skjuta en tärning bröd på en lång fonduegaffel, virvla runt den i ostblandningen och lyft sedan ut den.

Bondgård Fondue med en Kick

Serverar 4–6

Förbered som för Dutch Farmhouse Fondue, men rör i 30–45 ml/2–3 msk Genever (holländsk gin) efter tillagning.

Bakat ägg Flamenco stil

Serverar 1

Smält smör eller margarin
1 liten tomat, blancherad, skalad och hackad
2 vårlökar (salladslökar), hackade
1–2 fyllda oliver, skivade
5 ml/1 tsk olja
15 ml/1 msk kokt skinka, finhackad
1 ägg
Salt och nymalen svartpeppar
15 ml/1 msk dubbel (tung) grädde eller crème fraîche

5 ml/1 tsk mycket finhackad persilja, gräslök eller koriander

(koriander)

Pensla en liten ramekinform (vaniljsåsbägare) eller individuell suffléform med smält smör eller margarin. Tillsätt tomat, vårlök, oliver, olja och skinka. Täck med ett fat och värm igenom på Full i 1 minut. Bryt försiktigt in ägget och stick hål på gulan två gånger med ett spett eller spetsen på en kniv. Krydda väl efter smak. Klä upp med grädden och strö över örterna. Täck som tidigare och koka på upptining i 3 minuter. Låt stå i 1 minut innan du äter.

Bröd och smörost och persiljepudding

Serverar 4–6

4 stora skivor vitt bröd

50 g/2 oz/¼ kopp smör, vid kökstemperatur

175 g/6 oz/1½ koppar orangefärgad cheddarost

45 ml/3 msk hackad persilja

600 ml/1 pt/2½ koppar kall mjölk

3 ägg

5 ml/1 tsk salt

Paprika

Bred brödet med smöret och skär varje skiva i fyra rutor. Smörj en 1,75 liters/3 pt/7½ kopp form ordentligt. Ordna hälften av brödrutorna, med de smörade sidorna uppåt, över botten av formen. Strö över två tredjedelar av osten och all persilja. Lägg resten av brödet ovanpå, med de smörade sidorna uppåt. Häll mjölken i en kanna och värm, utan lock, på Full i 3 minuter. Vispa äggen tills det blir skum, vispa sedan i mjölken gradvis. Rör ner saltet. Häll försiktigt över brödet och smöret. Strö över resten av osten och pudra med paprika. Täck med hushållspapper och koka på Tina i 30 minuter. Låt stå i 5 minuter, bryn sedan under en het grill (broiler), om så önskas, innan servering.

Bröd och smörost och persiljepudding med cashewnötter

Serverar 4–6

Förbered som för bröd och smörost och persiljepudding, men tillsätt 45 ml/3 msk cashewnötter, rostade och grovt hackade, tillsammans med osten och persiljan.

Fyrost bröd och smörpudding

Serverar 4–6

Förbered som för Bread and Butter Cheese och Persiljepudding, men använd en blandning av riven Cheddar, Edam, Red Leicester och smulad Stilton-ost. Ersätt persiljan med fyra hackade syltlökar.

Ost och äggsmulor

Serverar 4

300 ml/10 fl oz/1 burk kondenserad svampsoppa
45 ml/3 msk enkel (lätt) kräm
125 g/4 oz/1 kopp röd Leicesterost, riven
4 varma rostade smulor
4 nypocherade ägg

Lägg soppan, grädden och hälften av osten i en skål på 900 ml/1½ pt/3¾ kopp. Värm, utan lock, på Full i 4–5 minuter tills det är varmt och slätt, vispa varje minut. Lägg varje smulpa på en uppvärmd tallrik och toppa med ett ägg. Klä med svampblandningen, strö över resterande ost och värm en i taget på Full i ca 1 minut tills osten smält och bubblar. Ät direkt.

Upp och ner ost och tomatpudding

Serverar 4

225 g/8 oz/2 koppar självhöjande (självjäsande) mjöl
5 ml/1 tsk senapspulver
5 ml/1 tsk salt
125 g/4 oz/½ kopp smör eller margarin
125 g/4 oz/1 kopp Edammer- eller Cheddarost, riven
2 ägg, vispade
150 ml/¼ pt/2/3 kopp kall mjölk
4 stora tomater, blancherade och skalade och hackade
15 ml/1 msk hackad persilja eller koriander (koriander)

Smörj ett djupt runt 1,75 liter/3 pt/7½ koppar puddingbassäng med smör. Sikta mjölet, senapspulvret och 2,5 ml/½ tsk av saltet i en skål. Gnid in smöret eller margarinet fint och häll sedan i osten. Blanda till en mjuk konsistens med äggen och mjölken. Bred ut smidigt i den förberedda bassängen. Koka, utan lock, på Full i 6 minuter. Blanda tomaterna med resten av saltet. Lägg i en grund skål och täck med en tallrik. Ta ut puddingen från ugnen och vänd försiktigt upp i en grund form. Täck med hushållspapper och koka på Full i ytterligare 2 minuter. Ta ut ur ugnen och täck med en bit folie för att behålla värmen. Sätt in tomaterna i mikron och värm på Full i 3 minuter. Skeda över puddingen, strö över örterna och servera varm.

Pizza Crumpets

Serverar 4

45 ml/3 msk tomatpuré (pasta)

30 ml/2 msk olivolja

1 vitlöksklyfta, krossad

4 varma rostade smulor

2 tomater, tunt skivade

175 g/6 oz mozzarellaost, skivad

12 svarta oliver

Blanda ihop tomatpuré, olivolja och vitlök och bred ut på smulorna. Ordna tomatskivorna ovanpå. Täck med osten och fyll med oliverna. Värm en i taget på Full i ca 1–1½ minut tills osten börjar smälta. Ät direkt.

Gingered havsabborre med lök

Serverar 8

En kantonesisk specialitet och en typisk kinesisk bufférätt.

2 havsabborrar, 450 g/1 lb vardera, rengjorda men huvuden kvar på
8 vårlökar (salladslökar)
5 ml/1 tsk salt
2,5 ml/½ tsk socker
2,5 cm/1 i bit färsk rot ingefära, skalad och finhackad
45 ml/3 msk sojasås

Tvätta fisken inifrån och ut. Torka med hushållspapper. Gör tre diagonala snedstreck med en vass kniv, cirka 2,5 cm från varandra, på båda sidor av varje fisk. Lägg huvud mot svans i en 30 3 20 cm/12 3 8 i form. Toppa och svansa löken, skär var och en i trådar längs sin längd och strö över fisken. Blanda de återstående ingredienserna noggrant och använd för att täcka fisken. Täck skålen med plastfolie (plastfolie) och skär den två gånger så att ånga kan komma ut. Koka på Full i 12 minuter, vänd på skålen en gång. Lägg över fisken på ett serveringsfat och täck med lök och juice från skålen.

Öringpaket

Serverar 2

Professionella kockar kallar detta truites en papillote. Paketen med enkelt tillagad ömtålig öring är en smart fiskbana.

2 stora rensade öringar, 450 g/1 lb vardera, tvättade men huvuden kvar på

1 lök, tjockt skivad

1 liten citron eller lime, tjockt skivad

2 stora torkade lagerblad, grovt smulade

2,5 ml/½ tsk herbes de Provence

5 ml/1 tsk salt

Förbered två rektanglar av bakplåtspapper, 40 3 35 cm/16 3 14 i varje. Lägg löken och citron- eller limeskivorna i håligheterna på fisken med lagerbladen. Överför till pergamentrektanglarna och strö över örter och salt. Slå in varje öring individuellt och lägg sedan ihop båda paketen i ett grunt fat. Koka på Full i 14 minuter, vänd på skålen en gång. Låt stå i 2 minuter. Överför var och en till en uppvärmd tallrik och öppna ut paketen vid bordet.

Glänsande marulk med smala bönor

Serverar 4

125 g/4 oz franska (gröna) eller kenyabönor, toppade och svansade

150 ml/¼ pt/2/3 kopp kokande vatten

450 g/1 lb marulk

15 ml/1 msk majsmjöl (majsstärkelse)

1,5–2,5 ml/¼–½ tsk kinesiskt pulver med fem kryddor

45 ml/3 msk risvin eller medium sherry

5 ml/1 tsk ostronsås på flaska

2,5 ml/½ tsk sesamolja

1 vitloksklyfta, krossad

50 ml/2 fl oz/3½ msk varmt vatten

15 ml/1 msk sojasås

Äggnudlar, att servera

Halvera bönorna. Lägg i en rund form på 1,25 liter/2¼ pt/5½ kopp. Tillsätt det kokande vattnet. Täck med plastfolie (plastfolie) och skär den två gånger så att ånga kan komma ut. Koka på Full i 4 minuter. Häll av och ställ åt sidan. Tvätta marulken och skär den i smala strimlor. Blanda majsmjölet och kryddpulvret med risvinet eller sherryn tills det är slätt. Rör ner resterande ingredienser. Överför till skålen där bönorna kokades. Koka, utan lock, på Full i 1½ minut. Rör tills det är slätt och blanda sedan i bönorna och marulken. Täck som tidigare och koka på Full i 4 minuter. Låt stå i 2 minuter, rör sedan runt och servera.

Lysande räkor med Mangetout

Serverar 4

Förbered som för glänsande marulk med smala bönor, men ersätt bönorna med mangetout (snöärter) och koka dem i endast 2½–3 minuter eftersom de ska förbli knapriga. Ersätt marulk med skalade räkor (räkor).

Normandie Torsk med Cider och Calvados

Serverar 4

50 g/2 oz/¼ kopp smör eller margarin

1 lök, mycket tunt skivad

3 morötter, mycket tunt skivade

50 g/2 oz svamp, putsad och tunt skivad

4 stora torskbiffar, ca 225 g/8 oz vardera

5 ml/1 tsk salt

150 ml/¼ pt/2/3 kopp cider

15 ml/1 msk majsmjöl (majsstärkelse)

25 ml/1½ msk kallt vatten

15 ml/1 msk calvados

Persilja, till garnering

Lägg hälften av smöret eller margarinet i en djup form med 20 cm/8 i diameter. Smält utan lock på Full i 45–60 sekunder. Blanda i lök, morötter och svamp. Lägg fisken i ett lager ovanpå. Pudra med saltet. Häll cidern i formen och pricka biffarna med resterande smör eller margarin. Täck med plastfolie (plastfolie) och skär den två gånger så att ånga kan komma ut. Koka på Full i 8 minuter, vänd på skålen fyra gånger. Häll försiktigt av kokvätskan och reservera. Blanda majsmjölet slätt med vattnet och calvados. Tillsätt fiskjuicerna. Koka utan lock på Full i 2–2½ minuter tills såsen tjocknar, vispa var 30:e sekund. Lägg upp fisken på en uppvärmd tallrik och toppa med grönsakerna. Pensla med såsen och garnera med persilja.

Fisk Paella

Serverar 6–8

Spaniens främsta risrätt, känd över hela världen genom internationella resor.

900 g/2 lb flådd laxfilé, i tärningar

1 paket saffranspulver

60 ml/4 msk varmt vatten

30 ml/2 msk olivolja

2 lökar, hackade

2 vitlöksklyftor, krossade

1 grön paprika, kärnad och grovt hackad

225 g/8 oz/1 kopp italienskt eller spanskt risottoris

175 g/6 oz/1½ koppar frysta eller färska ärtor

600 ml/1 pt/2½ koppar kokande vatten

7,5 ml/1½ tsk salt

3 tomater, blancherade, skalade och delade i fjärdedelar

75 g/3 oz/¾ kopp kokt skinka, tärnad

125 g/4 oz/1 kopp skalade räkor (räkor)

250 g/9 oz/1 stor burk musslor i saltlake

Citronklyftor eller skivor, till garnering

Ordna laxtärningarna runt kanten på en 25 cm/10 i diameter gryta (nederländsk ugn), lämna en liten hålighet i mitten. Täck skålen med plastfolie (plastfolie) och skär den två gånger så att ånga kan komma ut. Koka på upptining i 10–11 minuter, vänd på rätten två gånger, tills fisken ser flagnig ut och precis genomstekt. Häll av och spara vätskan och ställ åt sidan laxen. Tvätta och torka skålen. Töm saffran i en liten skål, tillsätt det varma vattnet och låt dra i 10 minuter. Häll oljan i den rengjorda formen och tillsätt lök, vitlök och grönpeppar. Koka, utan lock, på Full i 4 minuter. Tillsätt riset, saffran och blötläggningsvattnet, ärtor, laxtärningar, reserverad laxvätska, kokande vatten och salt. Blanda noga men försiktigt. Täck som tidigare och koka på Full i 10 minuter. Låt stå i mikron i 10 minuter. Koka på Full i ytterligare 5 minuter. Avtäck och blanda försiktigt i tomater och skinka. Garnera med räkorna, musslorna och citronen och servera.

Soused sillar

Serverar 4

4 sillar, ca 450 g/1 lb vardera, filéade
2 stora lagerblad, grovt smulade
15 ml/1 msk blandad inläggningskrydda
2 lökar, skivade och delade i ringar
150 ml/¼ pt/2/3 kopp kokande vatten
20 ml/4 tsk strösocker
10 ml/2 tsk salt
90 ml/6 msk maltvinäger
Smört bröd, att servera

Rulla ihop varje sillfilé från huvudet till stjärten, skinnsidorna inuti. Ordna runt kanten på en djup form med 25 cm/10 i diameter. Strö över lagerbladen och krydda. Ordna lökringarna mellan sillarna. Blanda de övriga ingredienserna noggrant och häll över fisken. Täck med plastfolie (plastfolie) och skär den två gånger så att ånga kan komma ut. Koka på Full i 18 minuter. Låt svalna och kyl sedan. Ät kallt med bröd och smör.

Moules Marinières

Serverar 4

Belgiens nationalrätt, alltid serverad med tillbehör med chips (frites).

900 ml/2 poäng/5 koppar färska musslor
15 g/½ oz/1 msk smör eller margarin
1 liten lök, hackad
1 vitlöksklyfta, krossad
150 ml/¼ pt/2/3 kopp torrt vitt vin
1 bukett garnipåse
1 torkat lagerblad, smulat
7,5 ml/1½ tsk salt
20 ml/4 tsk färskt vitt ströbröd
20 ml/4 tsk hackad persilja

Tvätta musslorna under kallt rinnande vatten. Skrapa bort alla havstulpaner och klipp sedan bort skägget. Kasta eventuella musslor med spruckna skal eller de som är öppna; de kan orsaka matförgiftning. Tvätta igen. Lägg smöret eller margarinet i en djup skål. Smält utan lock på Full i cirka 30 sekunder. Blanda i löken och vitlöken. Täck med en tallrik och koka på Full i 6 minuter, rör om två gånger. Tillsätt vin, bouquet garni, lagerblad, salt och musslor. Rör försiktigt för att blanda. Täck som tidigare och koka på Full i 5 minuter. Använd en hålslev och överför musslorna till fyra djupa skålar eller sopptallrikar. Rör ner ströbrödet och hälften av persiljan i matlagningsvätskan och ös sedan över musslorna. Strö över resten av persiljan och servera direkt.

Makrill med rabarber och russinsås

Serverar 4

Den vackert färgade sötsyrliga såsen balanserar den rika makrillen vackert.

350 g/12 oz ung rabarber, grovt hackad

60 ml/4 msk kokande vatten
30 ml/2 msk russin
30 ml/2 msk strösocker
2,5 ml/½ tsk vaniljessens (extrakt)
Finrivet skal och saft av ½ liten citron
4 makrillar, rensade, urbenade och huvuden kasserade
50 g/2 oz/¼ kopp smör eller margarin
Salt och nymalen svartpeppar

Lägg rabarbern och vattnet i en ugnsform (nederländsk ugn). Täck med plastfolie (plastfolie) och skär den två gånger så att ånga kan komma ut. Koka på Full i 6 minuter, vänd på skålen tre gånger. Avtäck och mosa rabarbern till en massa. Rör ner russin, socker, vaniljessens och citronskal och ställ sedan åt sidan. Med skinnsidorna vända mot dig, vik varje makrill på mitten tvärs över från huvud till svans. Lägg smöret eller margarinet och citronsaften i en djup 20 cm/8 i diameter form. Smält på Full i 2 minuter. Tillsätt fisken och täck med de smälta ingredienserna. Strö över salt och peppar. Täck med plastfolie (plastfolie) och skär den två gånger så att ånga kan komma ut. Koka på Medium i 14–16 minuter tills fisken ser flagnig ut. Låt stå i 2 minuter. Värm genom rabarbersåsen på Full i 1 minut och servera med makrillen.

Sill med äppelcidersås

Serverar 4

Förbered som för makrill med rabarber och russinsås, men ersätt rabarber och kokande cider i stället för vattnet med skalade och urkärnade kokta äpplen. Utelämna russinen.

Karp i gelésås

Serverar 4

1 mycket färsk karp, rensad och skär i 8 tunna skivor

30 ml/2 msk maltvinäger

3 morötter, tunt skivade

3 lökar, tunt skivade

600 ml/1 pt/2½ koppar kokande vatten

10–15 ml/2–3 tsk salt

Tvätta karpen och blötlägg sedan i 3 timmar i tillräckligt kallt vatten med vinäger tillsatt för att täcka fisken. (Detta tar bort den leriga smaken.) Lägg morötterna och löken i en djup form med 23 cm/9 i diameter med kokande vatten och salt. Täck med plastfolie (plastfolie) och skär den två gånger så att ånga kan komma ut. Koka på Full i 20 minuter, vänd på skålen fyra gånger. Häll av, spara vätskan. (Grönsakerna kan användas på annat håll i fisksoppa eller röror.) Häll tillbaka vätskan i rätten. Lägg till karpen i ett enda lager. Täck som tidigare och koka på Full i 8 minuter, vänd på skålen två gånger. Låt stå i 3 minuter. Använd en fiskskiva och överför karpen till ett grunt fat. Täck och kyl. Häll över vätskan i en kanna och kyl tills det blir lätt gelé. Häll geléen över fisken och servera.

Rollmops med aprikoser

Serverar 4

75 g/3 oz torkade aprikoser
150 ml/¼ pt/2/3 kopp kallt vatten
3 köpta rollmops med skivad lök
150 g/5 oz/2/3 kopp crème fraîche
Blandade salladsblad

Hårt bröd

Tvätta aprikoserna och skär i lagom stora bitar. Lägg i en skål med det kalla vattnet. Täck med en omvänd plåt och värm på Full i 5 minuter. Låt stå i 5 minuter. Dränera. Skär rullmopparna i strimlor. Tillsätt aprikoserna med lök och crème fraîche. Blanda väl. Täck över och låt marinera i kylen i 4–5 timmar. Servera på salladsblad med knäckebröd.

Pocherad Kipper

Serverar 1

Mikrovågsugn stoppar lukten som tränger igenom huset och gör kippern saftig och mör.

1 stor ofärgad kiper, ca 450 g/1 lb
120 ml/4 fl oz/½ kopp kallt vatten
Smör eller margarin

Trimma kippern, släng svansen. Blötlägg i 3–4 timmar i flera byten av kallt vatten för att minska sältan, om så önskas, låt rinna av. Lägg i en stor, grund form med vattnet. Täck med plastfolie (plastfolie) och skär den två gånger så att ånga kan komma ut. Koka på Full i 4 minuter. Servera på en uppvärmd tallrik med en klick smör eller margarin.

Räkor Madras

Serverar 4

25 g/1 oz/2 msk ghee eller 15 ml/1 msk jordnötsolja (jordnöt)
2 lökar, hackade
2 vitlöksklyftor, krossade
15 ml/1 msk hett currypulver
5 ml/1 tsk mald spiskummin
5 ml/1 tsk garam masala
Saften av 1 liten lime

150 ml/¼ pt/2/3 kopp fisk- eller grönsaksfond

30 ml/2 msk tomatpuré (pasta)

60 ml/4 msk sultanas (gyllene russin)

450 g/1 lb/4 koppar skalade räkor (räkor), tinade om de är frysta

175 g/6 oz/¾ kopp långkornigt ris, kokt

Popadoms

Lägg ghee eller olja i en djup form med 20 cm/8 i diameter. Värm, utan lock, på Full i 1 minut. Blanda noggrant i lök och vitlök. Koka utan lock på Full i 3 minuter. Tillsätt curry, spiskummin, garam masala och limejuice. Koka, utan lock, på Full i 3 minuter, rör om två gånger. Tillsätt fonden, tomatpurén och sultanerna. Täck med en upp och ned platta och koka på Full i 5 minuter. Häll av räkorna om det behövs, lägg sedan i skålen och rör runt för att kombinera. Koka, utan lock, på Full i 1½ minut. Servera med riset och popadomarna.

Martini rödspätta rullar med sås

Serverar 4

8 rödspättafiléer, 175 g/6 oz vardera, tvättade och torkade

Salt och nymalen svartpeppar

Saften av 1 citron

2,5 ml/½ tsk Worcestershiresås

25 g/1 oz/2 msk smör eller margarin

4 schalottenlök, skalade och hackade

100 g/3½ oz/1 kopp kokt skinka, skuren i strimlor

400 g/14 oz svamp, tunt skivad
20 ml/4 tsk majsmjöl (majsstärkelse)
20 ml/4 tsk kall mjölk
250 ml/8 fl oz/1 kopp kycklingfond
150 g/¼ pt/2/3 kopp enkel (lätt) kräm
2,5 ml/½ tsk strösocker (superfint).
1,5 ml/¼ tsk gurkmeja
10 ml/2 tsk martini bianco

Krydda fisken med salt och peppar. Marinera i citronsaften och Worcestershiresåsen i 15–20 minuter. Smält smöret eller margarinet i en kastrull (panna). Tillsätt schalottenlöken och fräs (svits) försiktigt tills den är mjuk och halvgenomskinlig. Tillsätt skinkan och svampen och fräs i 7 minuter. Blanda majsmjölet med den kalla mjölken tills det är slätt och tillsätt resten av ingredienserna. Rulla ihop rödspättafiléerna och spjuta med cocktailpinnar (tandpetare). Lägg i en djup form med 20 cm/8 i diameter. Klä med svampblandningen. Täck med plastfolie (plastfolie) och skär den två gånger så att ånga kan komma ut. Koka på Full i 10 minuter.

Skaldjur Ragout med valnötter

Serverar 4

30 ml/2 msk olivolja

1 lök, skalad och hackad

2 morötter, skalade och fint tärnade

3 stjälkar selleri, skurna i smala strimlor

1 röd paprika, kärnad och skuren i strimlor

1 grön paprika, kärnad och skuren i strimlor

1 liten zucchini, putsad och tunt skivad

250 ml/8 fl oz/1 kopp rosévin

1 bukett garnipåse

325 ml/11 fl oz/1 1/3 koppar grönsaks- eller fiskfond
400 g/14 oz/1 stor burk hackade tomater
125 g/4 oz bläckfiskringar
125 g/4 oz kokta skalade musslor
200 g/7 oz citrontunga eller flundrafilé, skuren i bitar
4 jätteräkor (jumboräkor), kokta
50 g/2 oz/½ kopp valnötter, grovt hackade
30 ml/2 msk stenade (urkärnade) svarta oliver
10 ml/2 tsk gin
Saften av ½ liten citron
2,5 ml/½ tsk strösocker
1 baguette
30 ml/2 msk grovt hackade basilikablad

Häll oljan i ett fat på 2,5 liter/4½ pt/11 koppar. Värm, utan lock, på Full i 2 minuter. Tillsätt de förberedda grönsakerna och häll i oljan för att täcka. Täck med plastfolie (plastfolie) och skär den två gånger så att ånga kan komma ut. Koka på Full i 5 minuter. Tillsätt vinet och bouquet garni. Täck som tidigare och koka på Full i 5 minuter. Tillsätt fonden, tomaterna och fisken. Täck igen och koka på Full i 10 minuter. Blanda i alla resterande ingredienser utom basilikan. Täck igen och koka på fullt i 4 minuter. Strö över basilikan och servera varm.

Torsk Hot-pot

Serverar 4

25 g/1 oz/2 msk smör eller margarin

1 lök, skalad och hackad

2 morötter, skalade och fint tärnade

2 selleristjälkar, tunt skivade

150 ml/¼ pt/2/3 kopp medeltorrt vitt vin

400 g/14 oz flådd torskfilé, skuren i stora tärningar

15 ml/1 msk majsmjöl (majsstärkelse)

75 ml/5 msk kall mjölk

350 ml/1½ dl fisk- eller grönsaksfond

Salt och nymalen svartpeppar

75 ml/5 msk hackad dill (dill ogräs)

300 ml/½ pt/1¼ koppar dubbel (tung) grädde, mjukt vispad

2 äggulor

Lägg smöret eller margarinet i en 20 cm/8 i diameter gryta (nederländsk ugn). Värm, utan lock, på Full i 2 minuter. Blanda i grönsakerna och vinet. Täck med plastfolie (plastfolie) och skär den två gånger så att ånga kan komma ut. Koka på Full i 5 minuter. Låt stå i 3 minuter. Avslöja. Lägg till fisken i grönsakerna. Blanda majsmjölet med den kalla mjölken tills det är slätt, lägg sedan i grytan med fonden. Säsong. Täck som tidigare och koka på Full i 8 minuter. Tillsätt dillen. Blanda grädden noggrant med äggulorna och rör ner i grytan. Täck över och koka på Full i 1½ minut.

Rökt torsk Hot-pot

Serverar 4

Förbered som för Torsk Hot-pot men ersätt rökt torskfilé med färsk.

Marulk i gyllene citrongräddsås

Serverar 6

300 ml/½ pt/1¼ koppar helmjölk

25 g/1 oz/2 msk smör eller margarin, i kökstemperatur

675 g/1½ lb marulkfiléer, skurna i lagom stora bitar

45 ml/3 msk vanligt (all-purpose) mjöl

2 stora äggulor

Saften av 1 stor citron

2,5–5 ml/½ –1 tsk salt

2,5 ml/½ tsk finhackad dragon

Kokta vol-au-vent fodral (biffskal) eller rostade ciabattabrödskivor

Häll mjölken i en kanna och värm, utan lock, på Full i 2 minuter. Lägg smöret eller margarinet i en djup 20 cm/8 i diameter form. Smält, utan lock, vid avfrostning i 1½ minut. Klä fiskbitarna i mjöl och tillsätt smöret eller margarinet i formen. Häll försiktigt i mjölken. Täck med plastfolie (plastfolie) och skär den två gånger så att ånga kan komma ut. Koka på Full i 7 minuter. Vispa ihop äggulor, citronsaft och salt och rör ner i fisken. Koka utan lock på Full i 2 minuter. Låt stå i 5 minuter. Rör runt, strö över dragonen och servera i vol-au-vent-form eller med skivor av rostad ciabatta.

Sula i gyllene citrongräddsås

Serverar 6

Förbered som för marulk i gyllene citrongräddsås, men ersätt sjötunga, skuren i strimlor, mot marulkbitarna.

Lax Hollandaise

Serverar 4

4 laxbiffar, 175–200 g/6–7 oz vardera

150 ml/¼ pt vatten/2/3 kopp vatten eller torrt vitt vin

2,5 ml/½ tsk salt

Hollandaisesås

Ordna biffarna runt sidorna av ett djupt fat med en diameter på 20 cm/8. Tillsätt vattnet eller vinet. Strö fisken med saltet. Täck med plastfolie (plastfolie) och skär den två gånger så att ånga kan komma ut. Koka på upptining (för att förhindra att laxen spottar) i 16–18 minuter. Låt stå i 4 minuter. Lyft ut på fyra uppvärmda tallrikar med en fiskskiva, rinna av vätskan. Bestryk var och en med Hollandaisesås.

Lax Hollandaise med koriander

Serverar 4

Förbered som för laxhollandaise, men tillsätt 30 ml/2 msk hackad koriander (koriander) till såsen så fort den har kokat klart. För ytterligare smak, blanda i 10 ml/2 tsk hackad citronmeliss.

Laxmajonnäsflinga

Serverar 6

900 g/2 lb färsk laxfilé, flådd
Salt och nymalen svartpeppar
Smält smör eller margarin (valfritt)
50 g/2 oz/½ kopp flingad (skivad) mandel, rostad
1 liten lök, finhackad
30 ml/2 msk finhackad persilja
5 ml/1 tsk hackad dragon
200 ml/7 fl oz/lite 1 kopp fransk majonnäs
Salladsblad
Fänkålsspray, till garnering

Dela laxen i fyra delar. Ordna runt kanten på en djup form med 25 cm/10 i diameter. Strö över salt och peppar och ringla lite smält smör eller margarin över toppen om så önskas. Täck med plastfolie (plastfolie) och skär den två gånger så att ånga kan komma ut. Koka på upptining i 20 minuter. Låt svalna till ljummen och flinga sedan fisken med två gafflar. Lägg över i en skål, tillsätt hälften av mandeln och löken, persiljan och dragonen. Rör försiktigt ner majonnäsen tills den är väl blandad och fuktig. Klä en lång portionsform med salladsblad. Lägg en rad laxmajonnäs ovanpå. Strö över resterande mandel och garnera med fänkål.

Laxstek i medelhavsstil

Serverar 6–8

1,5 kg/3lb portion mellanskuren lax
60 ml/4 msk olivolja
60 ml/4 msk citronsaft
60 ml/4 msk tomatpuré (pasta)
15 ml/1 msk hackade basilikablad
7,5 ml/1½ tsk salt
45 ml/3 msk små kapris, avrunnen
45 ml/3 msk hackad persilja

Tvätta laxen och se till att alla fjäll skrapas bort. Lägg i en djup 20 cm/8 i diameter form. Vispa ihop resterande ingredienser och häll över fisken. Täck med en plåt och låt marinera i kylen i 3 timmar. Täck med plastfolie (plastfolie) och skär den två gånger så att ånga kan komma ut. Koka på Full i 20 minuter, vänd på skålen två gånger. Dela i portioner för servering.

Kedgeree med Curry

Serverar 4

En gång i tiden en frukosträtt, särskilt förknippad med kolonialdagar i Indien runt sekelskiftet, serveras kedgeree nu oftare till lunch.

350 g/12 oz rökt kolja eller torskfilé
60 ml/4 msk kallt vatten
50 g/2 oz/¼ kopp smör eller margarin
225 g/8 oz/1 kopp basmatiris
15 ml/1 msk milt currypulver
600 ml/1 pt/2½ koppar kokande vatten
3 hårdkokta (hårdkokta) ägg
150 ml/¼ pt/2/3 kopp enkel (lätt) kräm
15 ml/1 msk hackad persilja
Salt och nymalen svartpeppar
Persiljekvistar, till garnering

Lägg fisken i en grund form med kallt vatten. Täck med plastfolie (plastfolie) och skär den två gånger så att ånga kan komma ut. Koka på Full i 5 minuter. Dränera. Flinga upp köttet med två gafflar, ta bort skinn och ben. Lägg smöret eller margarinet i en rund 1,75 liter/3 pt/7½ kopp värmebeständig serveringsform och smält på Tina i 1½–2 minuter. Rör ner ris, curry och kokande vatten. Täck som tidigare och koka på Full i 15 minuter. Hacka två av äggen och rör ner i rätten med fisk, grädde och persilja, krydda efter smak. Dela runt, täck med en uppochnedvänd plåt och värm på Full i 5 minuter. Skiva det återstående ägget. Ta ut formen från mikrovågsugnen och garnera med de skivade äggen och persiljekvistarna.

Kedgeree med rökt lax

Serverar 4

Förbered som för Kedgeree med curry, men ersätt 225 g/8 oz rökt lax (lox), skuren i strimlor, mot den rökta koljan eller torsken. Rökt lax behöver inte förkokas.

Rökt fiskquiche

Serverar 6

175 g/6 oz mördeg (grundläggande pajskal)
1 äggula, vispad
125 g/4 oz rökt fisk som makrill, kolja, torsk eller öring, tillagad och flingad
3 ägg
150 ml/¼ pt/2/3 dl syrad (mejerisyra) grädde
30 ml/2 msk majonnäs
Salt och nymalen svartpeppar
75 g/3 oz/¾ kopp cheddarost, riven
Paprika
Blandsallad

Smöra lätt en räfflad 20 cm/8 i diameter glas- eller porslinsform. Kavla ut degen och använd för att fodra den smorda formen. Stick ordentligt överallt, speciellt där sidan möter basen. Koka, utan lock, på Full i 6 minuter, vänd på skålen två gånger. Om några utbuktningar uppstår, tryck ner med fingrarna skyddade av ugnshandskar. Pensla insidan av formen (pajskalet) med äggulan. Koka på Full i 1 minut för att täta eventuella hål. Ta bort från ugnen. Täck basen med fisken. Vispa äggen med grädden och majonnäsen, krydda efter smak. Häll i pajen och strö över osten och paprikan. Koka utan lock på Full i 8 minuter. Servera varm med sallad.

Louisiana Räk Gumbo

Serverar 8

3 lökar, hackade

2 vitlöksklyftor

3 stjälkar selleristjälkar, fint hackade

1 grön paprika, kärnad och finhackad

50 g/2 oz/¼ kopp smör

60 ml/4 msk vanligt (all-purpose) mjöl

900 ml/1½ pt/3¾ koppar varm grönsaks- eller kycklingfond

350 g/12 oz okra (damfingrar), toppad och svansad

15 ml/1 msk salt

10 ml/2 tsk mald koriander (koriander)

5 ml/1 tsk gurkmeja

2,5 ml/½ tsk mald kryddpeppar

30 ml/2 msk citronsaft

2 lagerblad

5–10 ml/1–2 tsk Tabascosås

450 g/1 lb/4 koppar kokta skalade räkor (räkor), tinade om de är frysta

350 g/12 oz/1½ koppar långkornigt ris, kokt

Lägg löken i en skål på 2,5 liter/4½ pt/11 koppar. Krossa vitlöken ovanpå. Tillsätt sellerin och grön paprika. Smält smöret på Full i 2 minuter. Rör ner mjölet. Koka, utan lock, på Full i 5–7 minuter, rör om fyra gånger och titta noga i händelse av bränning, tills blandningen är en ljus kexfärgad roux. Blanda gradvis i fonden. Avsätta. Skär okran i bitar och lägg till grönsakerna med alla övriga ingredienser utom Tabasco och räkor men inklusive rouxmixen. Täck med plastfolie (plastfolie) och skär den två gånger så att ånga kan komma ut. Koka på Full i 25 minuter. Låt stå i 5 minuter. Rör ner Tabasco och räkor. Häll upp i värmda djupa skålar och tillsätt en hög nykokt ris till varje. Ät direkt.

Marulk Gumbo

Serverar 8

Förbered som för Louisiana Prawn Gumbo, men ersätt räkorna (räkorna) med samma vikt av urbenad marulk, skuren i strimlor. Täck med hushållsfilm (plastfolie) och koka på Full i 4 minuter innan du överför till serveringsskålar.

Blandad fisk Gumbo

Serverar 8

Förbered som för Louisiana Prawn Gumbo, men byt ut diverse fiskfiléer i tärningar mot räkorna (räkorna).

Öring med mandel

Serverar 4

50 g/2 oz/¼ kopp smör
15 ml/1 msk citronsaft
4 medelstora öringar
50 g/2 oz/½ kopp flingad (skivad) mandel, rostad
Salt och nymalen svartpeppar
4 citronklyftor
Persiljekvistar

Smält smöret på Tina i 1½ minut. Rör ner citronsaften. Lägg öringen, huvud mot svans, i en smörad 25 3 20 cm/10 3 8 i form. Klä fisken med smörblandningen och strö över mandel och krydda. Täck med plastfolie (plastfolie) och skär den två gånger så att ånga kan komma ut. Koka på Full i 9–12 minuter, vänd på rätten två gånger. Låt stå i 5 minuter. Överför till fyra uppvärmda tallrikar. Häll över matlagningsvätskan och garnera med citronklyftorna och persiljekvistarna.

Provencalska räkor

Serverar 4

225 g/8 oz/1 kopp lättlagat långkornigt ris
600 ml/1 pt/2½ koppar varm fisk- eller kycklingfond
5 ml/1 tsk salt
15 ml/1 msk olivolja
1 lök, riven
1–2 vitlöksklyftor, krossade
6 stora mycket mogna tomater, blancherade, skalade och hackade
15 ml/1 msk hackade basilikablad
5 ml/1 tsk mörkt mjukt farinsocker
450 g/1 lb/4 koppar frysta skalade räkor (räkor), otinade
Salt och nymalen svartpeppar
Hackad persilja

Lägg riset i ett fat på 2 liter/3½ pt/8½ koppar. Rör ner den heta fonden och saltet. Täck med plastfolie (plastfolie) och skär den två gånger så att ånga kan komma ut. Koka på Full i 16 minuter. Låt stå i 8 minuter så att riset suger upp all fukt. Häll oljan i en serveringsform på 1,75 liter/3 pt/7½ kopp. Värm, utan lock, på Full i 1½ minut. Rör ner löken och vitlöken. Koka, utan lock, på Full i 3 minuter, rör om två gånger. Tillsätt tomaterna med basilika och socker. Täck med en tallrik och koka på Full i 5 minuter, rör om två gånger. Blanda i de frysta räkorna och krydda efter smak. Täck som tidigare och koka på Full i 4 minuter, separera sedan försiktigt räkorna. Täck igen och koka på Full i ytterligare 3 minuter. Låt stå. Täck riset med en tallrik och värm på upptining i 5–6 minuter. Häll upp på fyra värmda tallrikar och toppa med fisk- och tomatblandningen. Strö över persilja och servera varm.

Rödspätta i sellerisås med rostad mandel

Serverar 4

8 rödspättafiléer, totalvikt ca 1 kg/2¼ lb
300 ml/10 fl oz/1 burk kondenserad gräddsellerisoppa
150 m/¼ pt/2/3 kopp kokande vatten
15 ml/1 msk finhackad persilja
30 ml/2 msk flingad mandel, rostad

Rulla ihop fiskfiléerna från huvud till stjärt, skinnsidorna inuti. Ordna runt kanten på en djup 25 cm/10 i diameter smörad form. Vispa försiktigt ihop soppan och vattnet och rör ner persiljan. Skeda över fisken. Täck skålen med plastfolie (plastfolie) och skär den två gånger så att ånga kan komma ut. Koka på Full i 12 minuter, vänd på skålen två gånger. Låt stå i 5 minuter. Koka på Full i ytterligare 6 minuter. Häll upp på varma tallrikar och servera, strö över mandeln.

Filéer i tomatsås med mejram

Serverar 4

Förbered som för rödspätta i sellerisås med rostad mandel, men ersätt selleri med kondenserad tomatsoppa och 2,5 ml/½ tsk torkad mejram mot persiljan.

Filéer i svampsås med vattenkrasse

Serverar 4

Förbered som för rödspätta i sellerisås med rostad mandel, men ersätt selleri med kondenserad svampsoppa och 30 ml/2 msk hackad vattenkrasse mot persiljan.

Hashad torsk med pocherade ägg

Serverar 4

Detta hittades i en handskriven anteckningsbok från 1800-talet som tillhörde en gammal väns mormor.

675 g/1½ lb torskfilé med skinn

10 ml/2 tsk smält smör eller margarin eller solrosolja

Paprika

Salt och nymalen svartpeppar

50 g/2 oz/¼ kopp smör eller margarin

8 stora vårlökar (salladslökar), putsade och hackade

350 g/12 oz kall kokt potatis, tärnad

150 ml/¼ pt/2/3 kopp enkel (lätt) kräm

5 ml/1 tsk salt

4 ägg

175 ml/6 fl oz/¾ kopp varmt vatten

5 ml/1 tsk vinäger

Lägg fisken i en grund form. Pensla med lite av det smälta smöret eller margarinet eller oljan. Krydda med paprika, salt och peppar. Täck med plastfolie (plastfolie) och skär den två gånger så att ånga kan komma ut. Koka på upptining i 14–16 minuter. Flinga upp fisken med två gafflar, ta bort benen. Lägg resten av smöret, margarinet eller oljan i en 20 cm/8 i diameter gryta (nederländsk ugn). Värm, utan lock, vid upptining i 1½ –2 minuter. Blanda i löken. Täck med en tallrik och koka på Full i 5 minuter. Rör ner fisken med potatisen, grädden och saltet. Täck som tidigare och värm på Full i 5–7 minuter tills det är väldigt varmt, rör om en eller två gånger. Håll dig varm. För att pochera äggen, bryt försiktigt två i en liten skål och tillsätt hälften av vattnet och hälften av vinägern. Punktera äggulorna med spetsen på en kniv. Täck med en tallrik och koka på Full i 2 minuter. Låt stå i 1 minut. Upprepa med de återstående äggen, varmt vatten och vinäger. Häll portioner av hashen på fyra uppvärmda tallrikar och toppa var och en med ett ägg.

Kolja och grönsaker i cidersås

Serverar 4

50 g/2 oz/¼ kopp smör eller margarin
1 lök, tunt skivad och delad i ringar
3 morötter, tunt skivade
50 g/2 oz knappsvamp, skivad
4 bitar filéad och flådd kolja eller annan vit fisk
5 ml/1 tsk salt
150 ml/¼ pt/2/3 koppar medelsöt cider
10 ml/2 tsk majsmjöl (majsstärkelse)
15 ml/1 msk kallt vatten

Lägg hälften av smöret eller margarinet i en djup form med 20 cm/8 i diameter. Smält utan lock på avfrostning i ca 1½ minut. Tillsätt löken, morötterna och svampen. Ordna fisken ovanpå. Strö över saltet. Häll försiktigt cidern över fisken. Pricka med resterande smör eller margarin. Täck med plastfolie (plastfolie) och skär den två gånger så att ånga kan komma ut. Koka på Full i 8 minuter. Blanda majsmjölet slätt i en glaskanna med det kalla vattnet och sila försiktigt i fiskluten. Koka, utan lock, på Full i 2½ minut tills det tjocknat, vispa varje minut. Häll över fisken och grönsakerna. Häll upp på varma tallrikar och ät direkt.

Seaside paj

Serverar 4

Till toppingen:

700 g/1½ lb mjölig potatis, oskalad vikt

75 ml/5 msk kokande vatten

15 ml/1 msk smör eller margarin

75 ml/5 msk mjölk eller enkel (lätt) grädde

Salta och nymalen peppar

Riven muskotnöt

Till såsen:

300 ml/½ pt/1¼ koppar kall mjölk

30 ml/2 msk smör eller margarin

20 ml/4 tsk vanligt (all-purpose) mjöl

75 ml/5 msk Röd Leicester eller färgad Cheddarost, riven

5 ml/1 tsk fullkornssenap

5 ml/1 tsk Worcestershiresås

Till fiskblandningen:

450 g/1 lb skalad vit fiskfilé, vid kökstemperatur

Smält smör eller margarin

Paprika

60 ml/4 msk Röd Leicester eller färgad Cheddarost, riven

För att göra toppingen, tvätta och skala potatisen och skär i stora tärningar. Lägg i en 1,5 liters/2½ pt/6 koppsform med det kokande vattnet. Täck med plastfolie (plastfolie) och skär den två gånger så att ånga kan komma ut. Koka på Full i 15 minuter, vänd på skålen två gånger. Låt stå i 5 minuter. Låt rinna av och mosa ordentligt med smör eller margarin och mjölk eller grädde, vispa tills det är fluffigt. Smaka av med salt, peppar och muskotnöt.

För att göra såsen, värm mjölken utan lock på Full i 1½ minut. Avsätta. Smält smöret eller margarinet utan lock vid upptining i 1–1½ minut. Rör ner mjölet. Koka, utan lock, på Full i 30 sekunder. Blanda gradvis i mjölken. Koka på Full i cirka 4 minuter, vispa varje minut för att säkerställa släthet, tills såsen tjocknat. Rör ner osten med resterande såsingredienser.

För att göra fiskblandningen, arrangera filéerna i en grund form och pensla med smält smör eller margarin. Krydda med paprika, salt och peppar. Täck med plastfolie (plastfolie) och skär den två gånger så att ånga kan komma ut. Koka på fullt i 5–6 minuter. Flinga upp fisken med två gafflar, ta bort eventuella ben. Överför till en smörad form på 1,75 liter/3 pt/7½ kopp. Blanda i såsen. Täck med potatisen och strö över osten och extra paprika. Värm upp igen utan lock på Full i 6–7 minuter.

Smoky Fish Toppers

Serverar 2

2 frysta rökt kolja portioner, 175 g/6 oz vardera
Nymalen svartpeppar
1 liten zucchini, skivad
1 liten lök, tunt skivad
2 tomater, blancherade, skalade och hackade
½ röd paprika, kärnad och skuren i strimlor
15 ml/1 msk klippt gräslök

Lägg fisken i en djup form med en diameter på 18 cm/7. Krydda med peppar. Täck med plastfolie (plastfolie) och skär den två gånger så att ånga kan komma ut. Koka på Full i 8 minuter. Häll saften över fisken och låt den stå i 1 minut. Lägg grönsakerna i en annan medelstor ugnsform (nederländsk ugn). Täck med en tallrik och koka på Full i 5 minuter, rör om en gång. Häll grönsakerna över fisken. Täck som tidigare och koka på Full i 2 minuter. Strö över gräslöken och servera.

Coleyfiléer med purjolök och citronmarmelad

Serverar 2

Ett off-beat-arrangemang från Edinburghs Sea Fish Authority, som även donerade de tre följande recepten.

15 ml/1 msk smör

1 vitlöksklyfta, skalad och krossad

1 purjolök, skivad och tunt skivad

2 coleyfiléer, 175 g/6 oz vardera, skalade

Saften av ½ citron

10 ml/2 tsk citronmarmelad

Salt och nymalen svartpeppar

Lägg smör, vitlök och purjolök i en djup form med 18 cm/7 diameter. Täck med plastfolie (plastfolie) och skär den två gånger så att ånga kan komma ut. Koka på Full i 2½ minut. Avslöja. Lägg filéerna ovanpå och strö över hälften av citronsaften. Täck som tidigare och koka på Full i 7 minuter. Lägg över fisken på två uppvärmda tallrikar och håll den varm. Blanda ner resterande citronsaft, marmeladen och kryddningen i fisksaften och purjolöken. Täck med en tallrik och koka på Full i 1½ minut. Skeda över fisken och servera.

Havsfisk i en jacka

Serverar 4

4 bakpotatisar, oskalade men väl skurade
450 g/1 lb vit fiskfilé, skalad och tärnad
45 ml/3 msk smör eller margarin
3 ramslökar (salladslökar), putsade och hackade
30 ml/2 msk fullkornssenap
1,5 ml/¼ tsk paprika, plus extra för att pudra
30–45 ml/2–3 msk vanlig yoghurt
Salt

Ställ potatisen direkt på skivan, täck med hushållspapper och koka på Full i 16 minuter. Slå in i en ren kökshandduk (disktrasa) och ställ åt sidan. Lägg fisken i en 18 cm/7 i diameter gryta (holländsk ugn) med smör eller margarin, vårlök, senap och paprika. Täck med en tallrik och koka på Full i 7 minuter, rör om två gånger. Låt stå i 2 minuter. Blanda i yoghurt och salt efter smak. Skär ett kryss ovanpå varje potatis och pressa försiktigt för att öppna sig. Fyll med fiskblandningen, pudra över paprika och ät varmt.

Svensk torsk med smält smör och ägg

Serverar 4

300 ml/½ pt/1¼ koppar kallt vatten

3 hela nejlikor

5 enbär

1 lagerblad, smulad

2,5 ml/½ tsk blandad inläggningskrydda

1 lök, i fjärdedelar

10 ml/2 tsk salt

4 mellanskurna färska torskbiffar, 225 g/8 oz vardera

75 g/3 oz/2/3 kopp smör

2 hårdkokta (hårdkokta) ägg (sidorna 98–9), skalade och hackade

Lägg vattnet, kryddnejlika, enbär, lagerblad, syltkrydda, lökfjärdedelar och salt i en glaskanna. Täck med plastfolie (plastfolie) och skär den två gånger så att ånga kan komma ut. Koka på Full i 15 minuter. Anstränga. Lägg fisken i en djup 25 cm/10 i diameter form och häll i den silade vätskan. Täck med hushållsfilm och skär den två gånger så att ånga kan komma ut. Koka på Full i 10 minuter, vänd på skålen två gånger. Överför fisken till en uppvärmd form med en fiskskiva och håll den varm. Smält smöret utan lock på Tina i 2 minuter. Häll över fisken. Strö över de hackade äggen och servera.

Skaldjur Stroganoff

Serverar 4

30 ml/2 msk smör eller margarin
1 vitlöksklyfta, krossad
1 lök, skivad
125 g/4 oz knappsvamp
700 g/1½ lb vit fiskfilé, skalad och tärnad
150 ml/¼ pt/2/3 kopp sur (mejerisyra) grädde eller crème fraîche
Salt och nymalen svartpeppar
30 ml/2 msk hackad persilja

Lägg smöret eller margarinet i en 20 cm/8 i diameter gryta (nederländsk ugn). Smält utan lock vid avfrostning i 2 minuter. Tillsätt vitlök, lök och svamp. Täck med plastfolie (plastfolie) och skär den två gånger så att ånga kan komma ut. Koka på Full i 3 minuter. Lägg i fisktärningarna. Täck som tidigare och koka på Full i 8 minuter. Rör ner grädden och smaka av med salt och peppar. Täck igen och koka på Full i 1½ minut. Servera strö över persiljan.

Färsk tonfisk Stroganoff

Serverar 4

Förbered som för Seafood Stroganoff, men ersätt den vita fisken med mycket färsk tonfisk.

Vit fisk Ragout Supreme

Serverar 4

30 ml/2 msk smör eller margarin

1 lök, hackad

2 morötter, fint tärnade

6 stjälkar selleri, tunt skivade

150 ml/¼ pt/2/3 kopp vitt vin

400 g/14 oz flådd torsk- eller koljafilé, i tärningar

10 ml/2 tsk majsmjöl (majsstärkelse)

90 ml/6 msk enkel (lätt) kräm

150 ml/¼ pt/2/3 kopp grönsaksfond

Salt och nymalen svartpeppar

2,5 ml/½ tsk ansjovisessens (extrakt) eller Worcestershiresås

30 ml/2 msk hackad dill (dill ogräs)

300 ml/½ pt/1¼ koppar vispgrädde

2 äggulor

Lägg smöret eller margarinet i en 20 cm/8 i diameter gryta (nederländsk ugn). Värm, utan lock, på Full i 2 minuter. Tillsätt grönsakerna och vinet. Täck med plastfolie (plastfolie) och skär den två gånger så att ånga kan komma ut. Koka på Full i 5 minuter. Låt stå i 3 minuter. Lägg till fisken i grönsakerna. Blanda maizenaen slät med grädden och blanda sedan i fonden. Smaka av med salt, peppar och ansjovisessensen eller Worcestershiresås. Häll över fisken. Täck som tidigare och koka på Full i 8 minuter. Blanda i dillen, vispa sedan ihop grädde och äggulor och rör ner i fiskblandningen. Täck som tidigare och koka på upptining i 3 minuter.

Laxmousse

Serverar 8

30 ml/2 msk pulveriserat gelatin

150 ml/¼ pt/2/3 kopp kallt vatten
418 g/15 oz/1 stor burk röd lax
150 ml/¼ pt/2/3 kopp krämig majonnäs
15 ml/1 msk mild gjord senap
10 ml/2 tsk Worcestershiresås
30 ml/2 msk fruktchutney, hackad ev
Saften av ½ stor citron
2 stora äggvitor
En nypa salt
Krasse, gurkskivor, grönsallad och skivor färsk lime, till garnering

Rör ner gelatinet i 75 ml/5 msk av det kalla vattnet och låt stå i 5 minuter för att mjukna. Smält, utan lock, vid avfrostning i 2½–3 minuter. Rör om igen och blanda i det återstående vattnet. Häll innehållet i burken med lax i en ganska stor skål och flaga med en gaffel, ta bort eventuellt skinn och ben och mosa sedan ganska fint. Blanda i det smälta gelatinet, majonnäsen, senap, worcestershiresås, chutney och citronsaft. Täck och kyl tills det precis börjar tjockna och sätt runt kanterna. Vispa äggvitorna till hårda toppar. Vispa ner en tredjedel i den stelande laxblandningen med saltet. Vik i de återstående äggvitorna och överför blandningen till en 1,5 liter/2½ pt/6 koppar ringform, först sköljd med kallt vatten. Täck med hushållsfilm (plastfolie) och kyl i 8 timmar tills den stelnar. Innan servering, doppa snabbt formen upp till kanten i och ur kallt vatten för att lossna. Kör en våt kniv försiktigt runt sidorna och vänd sedan upp och ner på en stor blöt serveringsform. (Blötningen stoppar geléen att fastna.) Garnera snyggt med mycket krasse, gurkskivor, grönsallad och limeskivor.

Dieters laxmousse

Serverar 8

Förbered som för laxmousse, men ersätt majonnäsen med fromage frais eller kvarg.

Crab Mornay

Serverar 4

300 ml/½ pt/1¼ koppar helmjölk
10 ml/2 tsk blandad inläggningskrydda
1 liten lök, skuren i 8 klyftor
2 persiljekvistar
En nypa muskotnöt
30 ml/2 msk smör
30 ml/2 msk vanligt (all-purpose) mjöl
Salt och nymalen svartpeppar
75 g/3 oz/¾ kopp Gruyère (schweizisk) ost, riven
5 ml/1 tsk kontinental senap
350 g/12 oz beredd ljust och mörkt krabbkött
Rostat brödskivor

Häll mjölken i en glas- eller plastkanna och rör ner syltkrydda, lökklyftor, persilja och muskotnöt. Täck med en tallrik och värm på Full i 5–6 minuter tills mjölken precis börjar huttra. Anstränga. Häll smöret i en 1,5 liters/2½ pt/6 kopparskål och smält på Tina i 1½ minut. Blanda i mjölet. Koka på Full i 30 sekunder. Blanda gradvis i den varma mjölken. Koka på Full i cirka 4 minuter, vispa varje minut, tills såsen kokar upp och tjocknar. Krydda med salt och peppar och rör ner ost och senap. Koka på Full i 30 sekunder eller tills osten smält. Rör ner krabbköttet. Täck med en plåt och värm på Full i 2–3 minuter. Servera på nygjord rostat bröd.

Tonfisk Mornay

Serverar 4

Förbered som för Crab Mornay, men ersätt krabbaköttet med konserverad tonfisk i olja. Flinga upp köttet med två gafflar och tillsätt såsen med oljan från burken.

Röd laxmornay

Serverar 4

Förbered som för Crab Mornay, men ersätt krabbaköttet med konserverad röd lax, avrunnen och flingad.

Kombination av skaldjur och valnöt

Serverar 4

45 ml/3 msk olivolja

1 lök, hackad

2 morötter, skivade

2 selleristjälkar, tunt skivade

1 röd paprika, kärnad och skuren i strimlor

1 grön paprika, kärnad och skuren i strimlor

1 liten zucchini, tunt skivad

250 ml/8 fl oz/1 kopp vitt vin

En nypa blandad krydda

300 ml/½ pt/1¼ dl fisk- eller grönsaksfond

450 g/1 lb mogna tomater, blancherade, skalade och hackade

125 g/4 oz bläckfiskringar

400 g/14 oz rödspätta eller citrontunga filé, skuren i rutor

125 g/4 oz kokta musslor

4 stora kokta räkor (räkor)

50 g/2 oz/½ kopp valnötshalvor eller bitar

50 g/2 oz/1/3 kopp sultanas (gyllene russin)

En skvätt sherry

Salt och nymalen svartpeppar

Saften av 1 citron

30 ml/2 msk hackad persilja

Värm oljan i en 2,5 liters/4½ pt/11 koppar gryta (holländsk ugn) på Full i 2 minuter. Tillsätt alla grönsaker. Koka, utan lock, på Full i 5 minuter, rör om två gånger. Tillsätt vin, krydda, fond och tomater med all fisk och skaldjur. Täck med plastfolie (plastfolie) och skär den två gånger så att ånga kan komma ut. Koka på Full i 10 minuter. Rör ner alla resterande ingredienser utom persiljan. Täck som tidigare och koka på Full i 4 minuter. Avtäck, strö över persiljan och servera direkt.

Laxring med dill

Serverar 8–10

125 g/4 oz/3½ skivor vitt bröd med lös struktur
900 g/2 lb flådd färsk laxfilé, i tärningar
10 ml/2 tsk ansjovissås på flaska
5–7,5 ml/1–1½ tsk salt

1 vitlöksklyfta, krossad
4 stora ägg, vispade
25 g/1 oz färsk dill (dill ogräs)
vitpeppar

Smöra lätt en djup form med 23 cm/9 i diameter. Smula brödet i en matberedare. Tillsätt alla resterande ingredienser. Pulsera maskinen tills blandningen precis är blandad och fisken grovt hackad. Undvik överblandning, annars blir blandningen tung och tät. Bred ut smidigt i den förberedda skålen och tryck in en syltburk (konservera) eller en äggkopp med rak sida i mitten så att blandningen bildar en ring. Täck med plastfolie (plastfolie) och skär den två gånger så att ånga kan komma ut. Koka på Full i 15 minuter, vänd på skålen två gånger. (Ringen kommer att krympa bort från sidan av skålen.) Låt stå tills den svalnar, täck sedan igen och svalna. Skär i klyftor och servera. Rester kan användas i smörgåsar.

Blandad fiskring med persilja

Serverar 8–10

Förbered som för laxring med dill, men ersätt en blandning av skalad färsk laxfilé, hälleflundra och kolja mot laxen och 45 ml/3 msk hackad persilja mot dillen.

Torskgryta med bacon och tomater

Serverar 6

30 ml/2 msk smör eller margarin
225 g/8 oz gammon, grovt hackad
2 lökar, skivade
1 stor grön paprika, kärnad och skuren i strimlor
2 3 400 g/2 3 14 oz/2 stora burkar tomater

15 ml/1 msk mild kontinental senap

45 ml/3 msk Cointreau eller Grand Marnier

Salt och nymalen svartpeppar

700 g/1½ lb flådd torskfilé, i tärningar

2 vitlöksklyftor, krossade

60 ml/4 msk rostade bruna ströbröd

15 ml/1 msk jordnöt (jordnöt) eller solrosolja

Lägg smöret eller margarinet i en 2 liters/3½ pt/8½ kopps gryta (nederländsk ugn). Värm, utan lock, på Full i 1½ minut. Blanda i gammon, lök och peppar. Koka, utan lock, på upptining i 10 minuter, rör om två gånger. Ta bort från mikrovågsugnen. Arbeta in tomaterna, bryt ner dem med en gaffel och rör ner senap, likör och krydda. Täck med plastfolie (plastfolie) och skär den två gånger så att ånga kan komma ut. Koka på Full i 6 minuter. Tillsätt fisken och vitlöken. Täck som tidigare och koka på Medium i 10 minuter. Strö över ströbrödet och ringla oljan över toppen. Värm, utan lock, på Full i 1 minut.

Slimmers fiskgryta

Serverar 2

Tillsatt med en het jalapenosås och självsäkert kryddad, njut av denna lyxiga fiskfest med knaprigt franskbröd och rustikt rött vin.

2 lökar, grovt hackade

2 vitlöksklyftor, krossade

15 ml/1 msk olivolja

400 g/14 oz/1 stor burk hackade tomater
200 ml/7 fl oz/lite 1 kopp rosévin
15 ml/1 msk Pernod eller Ricard (pastis)
10 ml/2 tsk jalapenosås
2,5 ml/½ tsk varm pepparsås
10 ml/2 tsk garam masala
1 lagerblad
2,5 ml/½ tsk torkad oregano
2,5–5 ml/½–1 tsk salt
225 g/8 oz marulk eller flådd hälleflundra, skuren i strimlor
12 stora kokta räkor (räkor)
2 stora pilgrimsmusslor, skurna i strimlor
30 ml/2 msk hackad koriander (koriander), till garnering

Lägg löken, vitlöken och oljan i en 2 liters/3½ pt/8½ kopps gryta (nederländsk ugn). Täck med en tallrik och koka på Full i 3 minuter. Blanda i resterande ingredienser förutom fisken, skaldjuren och koriandern. Täck som tidigare och koka på Full i 6 minuter, rör om tre gånger. Blanda i marulk eller hälleflundra. Täck som förut och koka på Tina i 4 minuter tills fisken blir vit. Rör ner räkorna och pilgrimsmusslorna. Täck som tidigare och koka på upptining i 1½ minut. Rör runt, häll upp i djupa tallrikar och strö koriander över var och en. Servera direkt.

Rostad kyckling

Kyckling i mikrovågsugn kan vara saftig och smaksatt om den behandlas med en lämplig baste och lämnas ofullad.

1 ugnsfärdig kyckling, storlek efter behov

För basten:

25 g/1 oz/2 msk smör eller margarin

5 ml/1 tsk paprika

5 ml/1 tsk Worcestershiresås

5 ml/1 tsk sojasås

2,5 ml/½ tsk vitlökssalt eller 5 ml/1 tsk vitlökspasta

5 ml/1 tsk tomatpuré (pasta)

Ställ den tvättade och torkade kycklingen i en skål som är tillräckligt stor för att hålla den bekvämt och även för att passa mikrovågsugnen. (Det behöver inte vara djupt.) Smält smöret eller margarinet på Full i 30–60 sekunder för att göra tråcklet. Rör ner resterande ingredienser och skeda över kycklingen. Täck med plastfolie (plastfolie) och skär den två gånger så att ånga kan komma ut. Koka på Full i 8 minuter per 450 g/1 lb, vänd skålen var 5:e minut. Halvvägs genom tillagningen, stäng av mikrovågsugnen och låt fågeln stå inne i 10 minuter och slutför sedan tillagningen. Låt stå i ytterligare 5 minuter. Lägg över till en skärbräda, täck med folie och låt stå i 5 minuter innan du skär.

Glaserad stekt kyckling

Förbered som för stekt kyckling, men tillsätt 5 ml/1 tsk svart sirap (melass), 10 ml/2 tsk farinsocker, 5 ml/1 tsk citronsaft och 5 ml/1 tsk brun sås till smeten. Tillåt ytterligare 30 sekunders tillagningstid.

Tex-mex kyckling

Förbered som för stekt kyckling. Efter tillagning, dela fågeln i portioner och lägg i en ren form. Klä med köpt salsa, medium till varm efter smak. Strö över 225 g/8 oz/2 koppar riven cheddarost. Värm upp igen utan lock på Tina i cirka 4 minuter tills osten smälter och bubblar. Servera med konserverade refried beans och skivor av avokado beströdda med citronsaft.

Kröningskyckling

1 Helstekt kyckling

45 ml/3 msk vitt vin

30 ml/2 msk tomatpuré (pasta)

30 ml/2 msk mangochutney

30 ml/2 msk siktad (silad) aprikossylt (konservera)

30 ml/2 msk vatten

Saften av ½ citron

10 ml/2 tsk mild currypasta

10 ml/2 tsk sherry

300 ml/½ pt/1¼ koppar tjock majonnäs

60 ml/4 msk vispad grädde

225 g/8 oz/1 kopp långkornigt ris, kokt

Vattenkrasse

Följ receptet på stekt kyckling, inklusive basten. Efter tillagning, ta bort köttet från benen och skär i lagom stora bitar. Lägg i en mixerskål. Häll vinet i en form och tillsätt tomatpuré, chutney, sylt, vatten och citronsaft. Värm, utan lock, på Full i 1 minut. Låt svalna. Arbeta in currypasta, sherry och majonnäs och vänd ner grädden. Kombinera med kycklingen. Lägg en risbädd på ett stort serveringsfat och skeda över kycklingblandningen. Garnera med vattenkrasse.

Kyckling Veronique

1 Helstekt kyckling
1 lök, fint riven
25 g/1 oz/2 msk smör eller margarin
150 ml/¼ pt/2/3 kopp crème fraîche
30 ml/2 msk vit portvin eller medeltorr sherry
60 ml/4 msk tjock majonnäs
10 ml/2 tsk gjord senap
5 ml/1 tsk tomatketchup (catsup)
1 liten stjälkselleri, hackad
75 g/3 oz kärnfria gröna druvor
Små klasar av gröna eller röda kärnfria druvor, till garnering

Följ receptet på stekt kyckling, inklusive basten. Efter tillagning, ta bort köttet från benen och skär i lagom stora bitar. Lägg i en mixerskål. Lägg löken i en liten skål med smöret eller margarinet och koka utan lock på Full i 2 minuter. I en tredje skål, vispa ihop crème fraîche, portvin eller sherry, majonnäs, senap, tomatketchup och selleri. Vänd ner i kycklingen med den kokta löken och druvorna. Häll upp prydligt i ett serveringsfat och garnera med druvklasarna.

Kyckling i vinägersås med dragon

Anpassad från ett recept som upptäcktes på en topprestaurang i Lyons, Frankrike, i början av sjuttiotalet.

1 Helstekt kyckling
25 g/1 oz/2 msk smör eller margarin
30 ml/2 msk majsmjöl (majsstärkelse)
15 ml/1 msk tomatpuré (pasta)
45 ml/3 msk dubbel (tung) grädde
45 ml/3 msk maltvinäger
Salt och nymalen svartpeppar

Följ receptet på stekt kyckling, inklusive basten. Skär den kokta fågeln i sex delar, täck med folie och håll den varm på en tallrik. För att göra såsen, häll kycklingsaften i en måttkanna och fyll upp till 250 ml/1 kopp med varmt vatten. Lägg smöret eller margarinet i en separat skål och värm utan lock på Full i 1 minut. Rör ner majsmjöl, tomatpuré, grädde och vinäger och smaka av med salt och nymalen svartpeppar. Blanda gradvis i den varma kycklingjuicen. Koka, utan lock, på Full i 4–5 minuter tills det tjocknat och bubbligt, vispa varje minut. Häll över kycklingen och servera direkt.

Dansk stekt kyckling med persiljafyllning

Förbered som för stekt kyckling, men gör flera skåror i det okokta kycklingskinnet och packa med små persiljekvistar. Lägg 25 g/1 oz/2 msk vitlökssmör i kroppshålan. Fortsätt sedan som i receptet.

Kyckling Simla

En anglo-indisk specialitet som hör till Rajs dagar.

1 Helstekt kyckling

15 ml/1 msk smör

5 ml/1 tsk finhackad rot ingefära

5 ml/1 tsk vitlökspuré (pasta)

2,5 ml/½ tsk gurkmeja

2,5 ml/½ tsk paprika

5 ml/1 tsk salt

300 ml/½ pt/1¼ koppar vispgrädde

Friterade (sauterade) lökringar, hemgjorda eller köpta, till garnering

Följ receptet på stekt kyckling, inklusive basten. Efter tillagning, dela fågeln i sex delar och håll den varm på en stor tallrik eller i en form. Värm smöret i en 600 ml/1 pt/2½ koppsform på Full i 1 minut. Tillsätt ingefära och vitlökspurén. Koka, utan lock, på Full i 1½ minut. Blanda i gurkmeja, paprika och salt, sedan grädden. Värm, utan lock, på Full i 4–5 minuter tills krämen börjar bubbla, vispa minst fyra gånger. Häll över kycklingen och garnera med lökringar.

Kryddig kyckling med kokos och koriander

Serverar 4

En delikat kryddad curryrätt från södra Afrika.

8 kycklingportioner, totalt 1,25 kg/2¾ lb

45 ml/3 msk torkad (strimlad) kokos

1 grön chili, ca 8 cm lång, kärnad och hackad

1 vitlöksklyfta, krossad

2 lökar, riven

5 ml/1 tsk gurkmeja

5 ml/1 tsk mald ingefära

10 ml/2 tsk milt currypulver

90 ml/6 msk grovhackad koriander (koriander)

150 ml/¼ pt/2/3 kopp kokosmjölk på burk

125 g/4 oz/½ kopp keso med gräslök

Salt

175 g/6 oz/¾ kopp långkornigt ris, kokt

Chutney, att servera

Skinn kycklingen. Lägg runt kanten på ett djupt fat med en diameter på 25 cm/10, tryck bitarna tätt mot varandra så att de sitter tätt. Täck med plastfolie (plastfolie) och skär den två gånger så att ånga kan komma ut. Koka på Full i 10 minuter, vänd på skålen två gånger. Lägg kokosen i en skål med alla övriga ingredienser utom riset. Blanda väl. Avtäck kycklingen och täck med kokosblandningen. Täck som tidigare och koka på Full i 10 minuter, vänd på rätten fyra gånger. Servera i djupa tallrikar på en rishög med chutney räckt separat.

Kryddig kanin

Serverar 4

Förbered som för kryddig kyckling med kokos och koriander, men ersätt åtta kaninportioner med kycklingen.

Kryddigt Turkiet

Serverar 4

Förbered som för kryddig kyckling med kokos och koriander, men ersätt åtta stycken 175 g/6 oz bitar av urbenad kalkonbröstfilé med kycklingen.

Kyckling Bredie med tomater

Serverar 6

En sydafrikansk gryta som använder folkets mest populära kombination av ingredienser.

30 ml/2 msk solros- eller majsolja

3 lökar, fint hackade

1 vitlöksklyfta, finhackad

1 liten grön chili, kärnad och hackad

4 tomater, blancherade, skalade och skivade

750 g/1½ lb urbenade kycklingbröst, skurna i små tärningar

5 ml/1 tsk mörkt mjukt farinsocker

10 ml/2 tsk tomatpuré (pasta)

7,5–10 ml/1½ –2 tsk salt

Häll oljan i en djup form med 25 cm/10 i diameter. Tillsätt lök, vitlök och chili och blanda ordentligt. Koka utan lock i 5 minuter. Tillsätt de återstående ingredienserna i skålen och gör en liten håla i mitten med en äggkopp så att blandningen bildar en ring. Täck med plastfolie (plastfolie) och skär den två gånger så att ånga kan komma ut. Koka på Full i 14 minuter, vänd på skålen fyra gånger. Låt stå i 5 minuter innan servering.

Kinesisk röd kokt kyckling

Serverar 4

En sofistikerad kinesisk gryta, kycklingen får en mahognyfärg när den puttrar i såsen. Ät med mycket kokt ris för att absorbera de salta juicerna.

6 kinesiska torkade svampar

8 stora kycklingklubbor, totalt 1 kg/2¼ lb

1 stor lök, riven

60 ml/4 msk finhackad konserverad ingefära

75 ml/5 msk söt sherry

15 ml/1 msk svart sirap (melass)

Rivet skal från 1 mandarin eller liknande löst skalad citrusfrukt

50 ml/2 fl oz/3½ kopp sojasås

Blötlägg svampen i varmt vatten i 30 minuter. Låt rinna av och skär i strimlor. Skär sönder de köttiga delarna av trumstickorna och arrangera runt kanten på en djup 25 cm/10 i diameter form med de beniga ändarna pekande mot mitten. Täck med plastfolie (plastfolie) och skär den två gånger så att ånga kan komma ut. Koka på Full i 12 minuter, vänd på skålen tre gånger. Blanda ihop resten av ingredienserna, inklusive svampen, och skeda över kycklingen. Täck som tidigare och koka på Full i 14 minuter. Låt stå i 5 minuter innan servering.

Aristokratiska kycklingvingar

Serverar 4

Ett hundraårigt kinesiskt recept, gynnat av eliten och ätit med äggnudlar.

8 kinesiska torkade svampar

6 vårlökar (salladslökar), grovt hackade

15 ml/1 msk jordnötsolja

900 g/2 lb kycklingvingar

225 g/8 oz konserverade skivade bambuskott

30 ml/2 msk majsmjöl (majsstärkelse)

45 ml/3 msk kinesiskt risvin eller medeltorr sherry

60 ml/4 msk sojasås

10 ml/2 tsk finhackad färsk rot ingefära

Blötlägg svampen i varmt vatten i 30 minuter. Låt rinna av och skär i fjärdedelar. Lägg löken och oljan i en djup form med 25 cm/10 i diameter. Koka utan lock på Full i 3 minuter. Rör runt. Ordna kycklingvingarna i formen, lämna en liten hålighet i mitten. Täck med plastfolie (plastfolie) och skär den två gånger så att ånga kan komma ut. Koka på Full i 12 minuter, vänd på skålen tre gånger. Avslöja. Belägg med bambuskotten och vätskan från burken och strö ut svampen över toppen. Mixa majsmjölet slätt med risvinet eller sherryn. Tillsätt resterande ingredienser. Skeda över kycklingen och grönsakerna. Täck som tidigare och koka på Full i 10–12 minuter tills vätskan bubblar. Låt stå i 5 minuter innan servering.

Chicken Chow Mein

Serverar 4

½ gurka, skalad och tärnad

275 g/10 oz/2½ koppar kall kokt kyckling, skuren i små tärningar

450 g/1 lb färska blandade grönsaker för stekning

30 ml/2 msk sojasås

30 ml/2 msk medeltorr sherry

5 ml/1 tsk sesamolja

2,5 ml/½ tsk salt

Kokta kinesiska nudlar, att servera

Lägg gurkan och kycklingen i en form på 1,75 liter/3 pt/7½ kopp. Blanda i alla resterande ingredienser. Täck med en stor tallrik och koka på Full i 10 minuter. Låt stå i 3 minuter innan servering med kinesiska nudlar.

Kycklingkotlett Suey

Serverar 4

Förbered som för Chicken Chow Mein, men ersätt nudlarna med kokt långkornigt ris.

Expressmarinerad kinesisk kyckling

Serverar 3

Autentisk provsmakning men snabb som möjligt. Ät med ris eller nudlar och kinesisk pickles.

6 tjocka kycklinglår, cirka 750 g/1½ lb totalt
125 g/4 oz/1 kopp majskärnor, hälften tinade om de är frysta
1 purjolök, hackad
60 ml/4 msk köpt kinesisk marinad

Lägg kycklingen i en djup skål och tillsätt resten av ingredienserna. Blanda väl. Täck över och kyl i 4 timmar. Vispa. Lägg över till en djup form med en diameter på 23 cm/9 och arrangera kycklingen runt kanten. Täck med plastfolie (plastfolie) och skär den två gånger så att ånga kan komma ut. Koka på Full i 16 minuter, vänd på rätten fyra gånger. Låt stå i 5 minuter innan servering.

Hong Kong kyckling med blandade grönsaker och böngroddar

Serverar 2–3

4 kinesiska torkade svampar
1 stor lök, hackad
1 morot, riven
15 ml/1 msk jordnötsolja

2 vitlöksklyftor, krossade

225 g/8 oz/2 koppar kokt kyckling, skuren i strimlor

275 g/10 oz böngroddar

15 ml/1 msk sojasås

1,5 ml/¼ tsk sesamolja

En god nypa cayennepeppar

2,5 ml/½ tsk salt

Kokt ris eller kinesiska nudlar, att servera

Blötlägg svampen i varmt vatten i 30 minuter. Låt rinna av och skär i strimlor. Lägg löken, moroten och oljan i ett fat på 1,75 liter/3 pt/7½ kopp. Koka utan lock på Full i 3 minuter. Rör ner resterande ingredienser. Täck med plastfolie (plastfolie) och skär den två gånger så att ånga kan komma ut. Koka på Full i 5 minuter, vänd på skålen tre gånger. Låt stå i 5 minuter innan du serverar med ris eller nudlar.

Kyckling med Golden Dragon Sauce

Serverar 4

4 stora köttiga kycklingbitar, 225 g/8 oz vardera, skalade

Vanligt (all-purpose) mjöl

1 liten lök, hackad

2 vitlöksklyftor, krossade

30 ml/2 msk sojasås

30 ml/2 msk medeltorr sherry

30 ml/2 msk jordnötsolja

60 ml/4 msk citronsaft

60 ml/4 msk ljust mjukt farinsocker

45 ml/3 msk smält och siktad (silad) aprikossylt (konservera)

5 ml/1 tsk mald koriander (koriander)

3–4 droppar het pepparsås

Böngrodssallad och kinesiska nudlar, att servera

Skär de tjocka delarna av kycklingfogarna på flera ställen med en vass kniv, pudra av med mjöl och lägg sedan i en djup 25 cm/10 i diameter form. Rör ihop de återstående ingredienserna ordentligt. Häll över kycklingen. Täck formen löst med hushållspapper och låt marinera i kylen i 4–5 timmar, vänd på fogarna två gånger. Placera de skurna sidorna överst, täck sedan skålen med plastfolie (plastfolie) och skär den två gånger så att ånga kan strömma ut. Koka på Full i 22 minuter, vänd på rätten fyra gånger. Servera på en bädd av nudlar och bestryk med juice från skålen.

Ingefära kycklingvingar med sallad

Serverar 4–5

1 stor cos (romaine) sallad, strimlad

2,5 cm/1 i bit rot ingefära, tunt skivad

2 vitlöksklyftor, krossade

15 ml/1 msk jordnötsolja

300 ml/½ pt/1¼ koppar kokande kycklingfond

30 ml/2 msk majsmjöl (majsstärkelse)

2,5 ml/½ tsk pulver med fem kryddor

60 ml/4 msk kallt vatten

5 ml/1 tsk sojasås

5 ml/1 tsk salt

1 kg/2¼ lb kycklingvingar

Kokt ris eller kinesiska nudlar, att servera

Lägg sallad, ingefära, vitlök och olja i en ganska stor gryta (nederländsk ugn). Täck med en tallrik och koka på Full i 5 minuter. Avtäck och tillsätt den kokande fonden. Blanda majsmjöl och fem kryddor slät med det kalla vattnet. Rör ner soja och salt. Blanda i salladsblandningen med kycklingvingarna, rör försiktigt tills de är ordentligt blandade. Täck med plastfolie (plastfolie) och skär den två gånger så att ånga kan komma ut. Koka på Full i 20 minuter, vänd på skålen fyra gånger. Låt stå i 5 minuter innan du serverar med ris eller nudlar.

Bangkok kokosnötskyckling

Serverar 4

Den äkta artikeln, gjord i mitt kök av en ung thailändsk vän.

4 delvis urbenade kycklingbröst, 175 g/6 oz vardera

200 ml/7 fl oz/lite 1 kopp krämig kokosnöt

Saften av 1 lime

30 ml/2 msk kallt vatten

2 vitlöksklyftor, krossade

5 ml/1 tsk salt

1 stjälk citrongräs, halverad på längden, eller 6 citronmelissblad

2–6 gröna chili eller 1,5–2,5 ml/¼–½ tsk torkad röd chilipulver

4–5 färska limeblad

20 ml/4 tsk hackad koriander (koriander)

175 g/6 oz/¾ kopp långkornigt ris, kokt

Lägg kycklingen runt kanten på en djup form med 20 cm/8 i diameter, lämna en hålighet i mitten. Täck med plastfolie (plastfolie) och skär den två gånger så att ånga kan komma ut. Koka på Full i 6 minuter, vänd på skålen två gånger. Kombinera kokosgrädde, limejuice och vatten, rör sedan ner vitlök och salt och häll över kycklingen. Strö på citrongräset eller citronmelissblad, chili efter smak och limeblad. Täck som tidigare och koka på Full i 8 minuter, vänd på skålen tre gånger. Låt stå i 5 minuter. Avtäck och rör ner koriandern, servera sedan med riset.

Kyckling satay

Serverar 8 som förrätt, 4 som huvudrätt

Till marinaden:

30 ml/2 msk jordnötsolja

30 ml/2 msk sojasås

1 vitlöksklyfta, krossad

900 g/2 lb urbenat kycklingbröst, i tärningar

Till sataysåsen:

10 ml/2 tsk jordnötsolja
1 lök, hackad
2 gröna chili, vardera ca 8 cm långa, kärnade och finhackade
2 vitlöksklyftor, krossade
150 ml/¼ pt/2/3 kopp kokande vatten
60 ml/4 msk knaprigt jordnötssmör
10 ml/2 tsk vinäger
2,5 ml/½ tsk salt
175 g/6 oz/¾ kopp långkornigt ris, kokt (valfritt)

För att göra marinaden, kombinera oljan, sojasåsen och vitlöken i en mixerskål och tillsätt kycklingen, rör om väl för att täcka ordentligt. Täck och kyl i 4 timmar på vintern, 8 på sommaren.

För att göra såsen, häll oljan i en medelstor skål eller skål och tillsätt lök, chili och vitlök. Innan du avslutar såsen, trä upp kycklingtärningarna på åtta oljade spett. Ordna, fyra åt gången, på en stor platta som ekrarna på ett hjul. Koka, utan lock, på Full i 5 minuter, vänd på en gång. Upprepa med de återstående fyra spetten. Håll dig varm. För att avsluta såsen, täck skålen med plastfolie (plastfolie) och skär den två gånger så att ånga kan komma ut. Koka på Full i 2 minuter. Rör ner det kokande vattnet, jordnötssmöret, vinägern och saltet. Koka utan lock i 3 minuter, rör om en gång. Låt stå i 30 sekunder och servera, med riset om en huvudrätt.

Jordnötskyckling

Serverar 4

4 urbenade kycklingbröst, 175 g/6 oz vardera
125 g/4 oz/½ kopp slätt jordnötssmör
2,5 ml/½ tsk mald ingefära
2,5 ml/½ tsk vitlökssalt
10 ml/2 tsk milt currypulver
Kinesisk hoisinsås
Kokta kinesiska nudlar, att servera

Ordna kycklingen runt kanten på en djup form med en diameter på 23 cm/9 och lämna en hålighet i mitten. Lägg jordnötssmör, ingefära, vitlökssalt och curry i en liten skål och värm utan lock på Full i 1 minut. Fördela jämnt över kycklingen, täck sedan lätt med hoisinsås. Täck med plastfolie (plastfolie) och skär den två gånger så att ånga kan komma ut. Koka på Full i 16 minuter, vänd på rätten fyra gånger. Låt stå i 5 minuter innan servering med kinesiska nudlar.

Indisk kyckling med yoghurt

Serverar 4

En krångelfri curry, snabb att sätta ihop. Det är fettsnålt, så det rekommenderas för smalare, kanske med ett tillbehör av blomkål och en eller två skiva bröd.

750 g/1½ lb skalade kycklinglår
150 ml/¼ pt/2/3 kopp vanlig yoghurt
15 ml/1 msk mjölk
5 ml/1 tsk garam masala

1,5 ml/¼ tsk gurkmeja

5 ml/1 tsk mald ingefära

5 ml/1 tsk mald koriander (koriander)

5 ml/1 tsk mald spiskummin

15 ml/1 msk majs- eller solrosolja

45 ml/3 msk varmt vatten

60 ml/4 msk grovhackad koriander, till garnering

Lägg kycklingen i en djup form med 30 cm/12 i diameter. Vispa ihop alla resterande ingredienser och skeda över kycklingen. Täck över och marinera i kylen i 6–8 timmar. Täck med en tallrik och värm igenom på Full i 5 minuter. Rör runt kycklingen. Täck skålen med plastfolie (plastfolie) och skär den två gånger så att ånga kan komma ut. Koka på Full i 15 minuter, vänd på skålen fyra gånger. Låt stå i 5 minuter. Avtäck och strö över hackad koriander före servering.

Japansk kyckling med ägg

Serverar 4

100 ml/3½ fl oz/6½ msk varm kyckling- eller nötbuljong

60 ml/4 msk medeltorr sherry

30 ml/2 msk teriyakisås

15 ml/1 msk ljust mjukt farinsocker

250 g/9 oz/1¼ koppar kokt kyckling, skuren i strimlor

4 stora ägg, vispade

175 g/6 oz/¾ kopp långkornigt ris, kokt

Häll fond, sherry och teriyakisås i en grund 18 cm/7 i diameter form. Rör ner sockret. Täck med plastfolie (plastfolie) och skär den två gånger så att ånga kan komma ut. Koka på Full i 5 minuter. Avtäck och rör runt. Blanda i kycklingen och häll över äggen. Koka, utan lock, på Full i 6 minuter, vänd på skålen tre gånger. För att servera, häll upp riset i fyra uppvärmda skålar och toppa med kyckling- och äggblandningen.

Portugisisk kycklinggryta

Serverar 4

25 g/1 oz/2 msk smör eller margarin eller 25 ml/1½ msk olivolja

2 lökar, i fjärdedelar

2 vitlöksklyftor, krossade

4 kycklingleder, 900 g/2 lb totalt

125 g/4 oz/1 kopp kokt gammon, skuren i små tärningar

3 tomater, blancherade, skalade och hackade

150 ml/¼ pt/2/3 kopp torrt vitt vin

10 ml/2 tsk fransk senap

7,5–10 ml/1½–2 tsk salt

Lägg smöret, margarinet eller oljan i en 20 cm/8 i diameter ugnsform (nederländsk ugn). Värm, utan lock, på Full i 1 minut. Rör ner lök och vitlök. Koka utan lock på Full i 3 minuter. Tillsätt kycklingen. Täck med plastfolie (plastfolie) och skär den två gånger så att ånga kan komma ut. Koka på Full i 14 minuter, vänd på skålen två gånger. Blanda i resterande ingredienser. Täck som tidigare och koka på Full i 6 minuter. Låt stå i 5 minuter innan servering.

Spicy Chicken Casserole i engelsk stil

Serverar 4

Förbered som för portugisisk kycklinggryta, men ersätt vinet med medeltorr cider och tillsätt 5 inlagda valnötter i fjärdedelar med övriga ingredienser. Tillåt en extra tillagningstid på 1 minut.

Kompromissa Tandoori Chicken

Serverar 8 som förrätt, 4 som huvudrätt

En indisk maträtt som traditionellt gjorts i en lerugn eller tandoor, men denna mikrovågsversion är helt acceptabel.

8 kycklingbitar, totalt ca 1,25 kg/2¾ lb

250 ml/1 kopp tjock vanlig yoghurt i grekisk stil

30 ml/2 msk tandoori kryddblandning

10 ml/2 tsk mald koriander (koriander)

5 ml/1 tsk paprika

5 ml/1 tsk gurkmeja

30 ml/2 msk citronsaft

2 vitlöksklyftor, krossade

7,5 ml/1½ tsk salt

Indiskt bröd och blandad sallad, att servera

Skär de köttiga delarna av kycklingen på flera ställen. Vispa yoghurten lätt med alla resterande ingredienser. Lägg kycklingen i en djup form med 25 cm/10 i diameter och täck med tandoorimixen. Täck löst med hushållspapper och marinera i 6 timmar i kylen. Vänd upp och ner, gnugga med marinaden och låt svalna i ytterligare 3–4 timmar, täckt som tidigare. Täck med plastfolie (plastfolie) och skär den två gånger så att ånga kan komma ut. Koka på Full i 20 minuter, vänd på skålen fyra gånger. Ta av formen och vänd kycklingen. Täck igen med hushållsfilm och koka på Full i ytterligare 7 minuter. Låt stå i 5 minuter innan servering.

Bräserat nötkött och grönsaker

Serverar 4

30 ml/2 msk smör eller margarin, i kökstemperatur
1 stor lök, riven
3 morötter, tunt skivade
75 g/3 oz svamp, tunt skivad
450 g/1 lb gumpstek, skuren i små tärningar
1 köttbuljongtärning
15 ml/1 msk vanligt (all-purpose) mjöl
300 ml/½ pt/1¼ koppar varmt vatten eller nötbuljong
Nymalen svartpeppar
5 ml/1 tsk salt

Lägg smöret eller margarinet i en 20 cm/8 i diameter ugnsform (nederländsk ugn). Smält vid upptining i 45 sekunder. Tillsätt grönsakerna och biffen och blanda väl. Koka utan lock på Full i 3 minuter. Smula i buljongtärningen och rör ner mjölet och hett vatten eller fond. Flytta blandningen till kanten av formen för att bilda en ring, lämna en liten hålighet i mitten. Strö över peppar. Täck med plastfolie (plastfolie) och skär den två gånger så att ånga kan komma ut. Koka på Full i 9 minuter, vänd på skålen en gång. Låt stå i 5 minuter, smaka av med saltet och servera.

Köttgryta

Serverar 4

450 g/1 lb mager stewing steak, skuren i små tärningar
15 ml/1 msk vanligt (all-purpose) mjöl
250 g/9 oz otinade frysta grönsaksgrytor
300 ml/½ pt/1¼ koppar kokande vatten
1 köttbuljongtärning
Nymalen peppar
2,5–5 ml/½–1 tsk salt

Lägg steken i en 23 cm/9 i diameter gryta (holländsk ugn), inte för djup. Strö över mjölet och blanda sedan väl för att täcka. Bred ut löst i ett enda lager. Bryt upp grönsakerna och lägg sedan runt köttet. Täck med plastfolie (plastfolie) och skär den två gånger så att ånga kan komma ut. Koka på Full i 15 minuter, vänd på skålen fyra gånger. Häll vattnet över köttet och smula i buljongtärningen. Smaka av med peppar och rör om ordentligt. Täck som tidigare, koka sedan på Full i 10 minuter, vänd på skålen tre gånger. Låt stå i 5 minuter, rör sedan runt, smaka av med saltet och servera.

Nötkött och grönsaker Hot-pot

Serverar 4

450 g/1 lb potatis
2 morötter
1 stor lök
450 g/1 lb mager stewing steak, skuren i små tärningar
1 köttbuljongtärning
150 ml/¼ pt/2/3 kopp varm nötkött eller grönsaksfond
30 ml/2 msk smör eller margarin

Skär potatisen, morötterna och löken i genomskinliga råntunna skivor. Dela lökskivorna i ringar. Smörj en form på 1,75 liter/3 pt/7½ kopp noggrant. Fyll med omväxlande lager av grönsaker och kött, börja och sluta med potatisen. Täck med plastfolie (plastfolie) och skär den två gånger så att ånga kan komma ut. Koka på Full i 15 minuter, vänd på skålen tre gånger. Smula ner buljongtärningen i den varma fonden och rör tills den lösts upp. Häll försiktigt ner på sidan av fatet så det rinner genom köttet och grönsakerna. Toppa med flingor av smöret eller margarinet. Täck som tidigare och koka på Full i 15 minuter, vänd på skålen tre gånger. Låt stå i 5 minuter. Bryn under en het grill (broiler), om så önskas.

Biff curry

Serverar 4–5

En anglicerad version av en medelvarm curry. Servera med basmatiris och sambals (tillbehör) av vanlig yoghurt, skivad gurka beströdd med hackad färsk koriander (koriander) och chutney.

450 g/1 lb magert stewing nötkött, skuren i små tärningar
2 lökar, hackade
2 vitlöksklyftor, krossade
15 ml/1 msk solros- eller majsolja
30 ml/2 msk hett currypulver
30 ml/2 msk tomatpuré (pasta)
15 ml/1 msk vanligt (all-purpose) mjöl
4 gröna kardemummakapslar
15 ml/1 msk garam masala
450 ml/¾ pt/2 koppar varmt vatten
5 ml/1 tsk salt

Lägg köttet i ett lager i en djup form med 25 cm/10 i diameter. Täck med en tallrik och koka på Full i 15 minuter, rör om två gånger. Stek under tiden löken och vitlöken på vanligt sätt i oljan i en stekpanna på medelvärme tills de är ljust gyllene. Rör ner curry, tomatpuré, mjöl, kardemummaskidor och garam masala och blanda sedan gradvis i det varma vattnet. Koka, rör om, tills blandningen kokar upp och tjocknar. Ta ut köttformen från mikrovågsugnen och rör ner innehållet i stekpannan. Täck med plastfolie (plastfolie) och skär den två gånger så att ånga kan komma ut. Koka på Full i 10 minuter, vänd på skålen två gånger. Låt stå i 5 minuter innan servering.

Grundläggande köttfärs

Serverar 4

450 g/1 lb/4 koppar magert malet nötkött
1 lök, riven
30 ml/2 msk vanligt (all-purpose) mjöl
450 ml/¾ pt/2 koppar varmt vatten
1 köttbuljongtärning
5 ml/1 tsk salt

Lägg köttet i en djup 20 cm/8 i diameter form. Blanda noggrant i löken och mjölet med en gaffel. Koka, utan lock, på Full i 5 minuter. Bryt upp köttet med en gaffel. Tillsätt vattnet och smula i buljongtärningen. Rör om väl för att blanda. Täck med plastfolie (plastfolie) och skär den två gånger så att ånga kan komma ut. Koka på Full i 15 minuter, vänd på skålen fyra gånger. Låt stå i 4 minuter. Tillsätt saltet och rör runt innan servering.

Keso paj

Serverar 4

1 kvantitet Basic Färs
675 g/1½ lb nykokt potatis
30 ml/2 msk smör eller margarin
60–90 ml/4–6 msk varm mjölk

Kyl Basic Mince till ljummen och överför till en smord 1 liter/1¾ pt/4¼ kopps pajform. Grädda potatisen med smöret eller margarinet och tillräckligt med mjölk för att göra en lätt och fluffig mos. Pipa över köttblandningen eller bred ut slätt och grov upp med en gaffel. Värm på nytt utan lock i 3 minuter. Alternativt bryn under en het grill (broiler).

Stugpaj med ost

Serverar 4

Förbered som för Cottage Pie, men tillsätt 50–75 g/2–3 oz/½–¾ kopp riven cheddarost till potatisen efter gräddning med smör och varm mjölk.

Hacka med havre

Serverar 4

Förbered som för Basic Mince, men tillsätt 1 morot, riven, med löken. Ersätt mjölet med 25 g/1 oz/½ kopp havregryn. Koka för första gången i 7 minuter.

Chili con Carne

Serverar 4–5

450 g/1 lb/4 koppar magert malet nötkött

1 lök, riven

2 vitlöksklyftor, krossade

5–20 ml/1–4 tsk chilikrydda

400 g/14 oz/1 stor burk hackade tomater

5 ml/1 tsk Worcestershiresås

400 g/14 oz/1 stor burk röda kidneybönor, avrunnen

5 ml/1 tsk salt

Jacka Potatis eller kokt ris, att servera

Lägg nötköttet i en 23 cm/9 i diameter gryta (nederländsk ugn). Rör ner lök och vitlök med en gaffel. Koka, utan lock, på Full i 5 minuter. Bryt upp köttet med en gaffel. Arbeta in alla resterande ingredienser utom saltet. Täck med plastfolie (plastfolie) och skär den två gånger så att ånga kan komma ut. Koka på Full i 15 minuter, vänd på skålen tre gånger. Låt stå i 4 minuter. Smaka av med saltet innan servering med jackpotatis eller kokt ris.

Curryfärs

Serverar 4

2 lökar, riven
2 vitlöksklyftor, krossade
450 g/1 lb/4 koppar magert malet nötkött
15 ml/1 msk vanligt (all-purpose) mjöl
5–10 ml/1–2 msk milt currypulver
30 ml/2 msk fruktig chutney
60 ml/4 msk tomatpuré (pasta)
300 ml/½ pt/1¼ koppar kokande vatten
1 köttbuljongtärning
Salt och nymalen svartpeppar

Mosa ihop lök, vitlök och nötkött. Bred ut i en 20 cm/8 i diameter gryta (nederländsk ugn). Forma till en ring runt kanten på formen, lämna en liten ihålighet i mitten. Täck med plåt och koka på Full i 5 minuter. Bryt upp med gaffel. Arbeta in mjöl, curry, chutney och tomatpuré. Rör gradvis i vattnet och smula sedan i buljongtärningen. Täck med plastfolie (plastfolie) och skär den två gånger så att ånga kan komma ut. Koka på Full i 15 minuter, vänd på skålen tre gånger. Låt stå i 4 minuter. Krydda efter smak, rör sedan om och servera.

Gulasch av nötkött

Serverar 6

40 g/1½ oz/3 msk smör, margarin eller ister

675 g/1½ lb stewing steak, skuren i små tärningar

2 stora lökar, rivna

1 medelgrön paprika, kärnad och fint tärnad

2 vitlöksklyftor, krossade

4 tomater, blancherade, skalade och hackade

45 ml/3 msk tomatpuré (pasta)

15 ml/1 msk paprika

5 ml/1 tsk kumminfrön

5 ml/1 tsk salt

300 ml/½ pt/1¼ koppar kokande vatten

150 ml/¼ pt/2/3 dl syrad (mejerisyra) grädde

Lägg fettet i ett fat på 1,75 liter/3 pt/7½ kopp. Smält, utan lock, på Full i 1 minut. Blanda i kött, lök, paprika och vitlök. Täck med plastfolie (plastfolie) och skär den två gånger så att ånga kan komma ut. Koka på Full i 15 minuter, vänd på skålen fyra gånger. Avtäck och rör ner tomater, tomatpuré, paprika och kummin. Täck som tidigare och koka på Full i 15 minuter, vänd på skålen fyra gånger. Smaka av med saltet och blanda försiktigt i det kokande vattnet. Häll upp i djupa tallrikar och toppa var och en generöst med grädden.

Nötkött gulasch med kokt potatis

Serverar 6

Förbered som för nötgulasch, men uteslut grädden och tillsätt 2–3 hela kokta potatisar till varje portion.

Smörböna och nötköttgryta med tomater

Serverar 6

425 g/15 oz/1 stor burk smörbönor
275 g/10 oz/1 burk tomatsoppa
30 ml/2 msk torkad lök
6 skivor brässtek, ca 125 g/4 oz vardera, platta vispad
Salt och nymalen svartpeppar

Kombinera bönorna, soppan och löken i en 20 cm/8 i diameter gryta (nederländsk ugn). Täck med en tallrik och koka på Full i 6 minuter, rör om tre gånger. Ordna biffarna runt kanten på fatet. Täck med plastfolie (plastfolie) och skär den två gånger så att ånga kan komma ut. Koka på Full i 17 minuter, vänd på skålen tre gånger. Låt stå i 5 minuter. Avtäck och smaka av före servering.

Nötkött och tomatkaka

Serverar 2–3

275 g/10 oz/2½ koppar malet nötkött
30 ml/2 msk vanligt (all-purpose) mjöl
1 ägg

5 ml/1 tsk lökpulver
150 ml/¼ pt/2/3 kopp tomatjuice
5 ml/1 tsk sojasås
5 ml/1 tsk torkad oregano
Kokt pasta, att servera

Smörj en 900 ml/1½ pt/3¾ kopp oval pajform ordentligt. Blanda nötköttet med alla övriga ingredienser och fördela slätt i formen. Täck med plastfolie (plastfolie) och skär den två gånger så att ånga kan komma ut. Koka på Full i 7 minuter, vänd på skålen två gånger. Låt stå i 5 minuter. Skär i två eller tre portioner och servera varma med pasta.

Nötkött och svampkebab

Serverar 4

24 färska eller torkade lagerblad
½ röd paprika, skuren i små rutor
½ grön paprika, skuren i små rutor
750 g/1½ lb grillad biff, putsad och skuren i 2,5 cm/1 i tärningar

175 g/6 oz knappsvamp
50 g/2 oz/¼ kopp smör eller margarin, vid kökstemperatur
5 ml/1 tsk paprika
5 ml/1 tsk Worcestershiresås
1 vitlöksklyfta, krossad
175 g/6 oz/1½ koppar ris, kokt

Om du använder torkade lagerblad, lägg i en liten skål, tillsätt 90 ml/6 msk vatten och täck med ett fat. Värm på Full i 2 minuter för att mjukna. Lägg paprikarutorna i en form och täck bara med vatten. Täck med en plåt och värm på Full i 1 minut för att mjukna. Låt paprikan och lagerbladen rinna av. Trä nötkött, svamp, paprikarutor och lagerblad på tolv 10 cm/4 i träspett. Ordna kebaberna som ekrarna på ett hjul i ett djupt fat med 25 cm/10 i diameter. Lägg smöret eller margarinet, paprikan, Worcestershiresåsen och vitlöken i en liten skål och värm utan lock på Full i 1 minut. Pensla över kebaben. Koka, utan lock, på Full i 8 minuter, vänd på skålen fyra gånger. Vänd försiktigt på kebaben och pensla med resten av smörblandningen. Koka på Full i ytterligare 4 minuter, vänd på skålen två gånger. Lägg på en risbädd och täck med saften från fatet. Tillåt tre kebab per person.

Fyllt lamm

Serverar 4

Ett lite mellanösternt synsätt här. Servera lammet med varmt pitabröd och en grönsallad prickad med oliver och kapris.

4 bitar lammfilé, ca 15 cm lång och 675 g/½ lb vardera
3 stora skivor vitt bröd med skorpor, i tärningar
1 lök, skuren i 6 klyftor
45 ml/3 msk rostade pinjenötter

30 ml/2 msk vinbär

2,5 ml/½ tsk salt

150 g/5 oz/2/3 kopp tjock grekisk vanlig yoghurt

Mald kanel

8-knappssvampar

15 ml/1 msk olivolja

Putsa fettet från lammet. Gör en skåra på längden i varje bit, var noga med att inte skära rakt igenom köttet. Mal ihop brödtärningarna och lökbitarna i en matberedare eller mixer. Skrapa ut i en skål och blanda ner pinjenötter, vinbär och salt. Bred ut lika stora mängder i lammbitarna och fäst med cocktailpinnar av trä (tandpetare). Lägg i en fyrkant i en djup form med 25 cm/10 i diameter. Smörj med all yoghurt och pudra lätt med kanel. Studera slumpmässigt med svampen och täck tunt med oljan. Täck med plastfolie (plastfolie) och skär den två gånger så att ånga kan komma ut. Koka på Full i 16 minuter, vänd på rätten fyra gånger. Låt stå i 5 minuter och servera sedan.

Mintad lammkebab

Serverar 6

900 g/2 lb hals av lammfilé, putsad

12 stora myntablad

60 ml/4 msk tjock vanlig yoghurt

60 ml/4 msk tomatketchup (catsup)

1 vitlöksklyfta, krossad

5 ml/1 tsk Worcestershiresås

6 pitabröd, värmda
Salladsblad, tomat och gurkskivor

Skär köttet i 2,5 cm/1 i tärningar. Trä på sex träspett växelvis med myntabladen. Ordna som ekrarna på ett hjul i en djup tallrik med 25 cm/10 i diameter. Blanda noggrant yoghurt, ketchup, vitlök och Worcestershiresås och pensla hälften av blandningen över kebaberna. Koka, utan lock, på Full i 8 minuter, vänd på skålen två gånger. Vänd på kebaben och pensla med resterande tråg. Koka på Full i ytterligare 8 minuter, vänd på skålen två gånger. Låt stå i 5 minuter. Värm pitabröden kort under grillen (broiler) tills de blåser upp, skiva sedan längs långsidan för att göra en ficka. Ta bort köttet från spetten och släng lagerbladen. Packa ner lammet i pitorna och lägg sedan en god portion av salladen till varje.

Klassisk lammkebab

Serverar 6

900 g/2 lb hals av lammfilé, putsad
12 stora myntablad
30 ml/2 msk smör eller margarin
5 ml/1 tsk vitlökssalt
5 ml/1 tsk Worcestershiresås
5 ml/1 tsk sojasås
2,5 ml/½ tsk paprika
6 pitabröd, värmda
Salladsblad, tomat och gurkskivor

Skär köttet i 2,5 cm/1 i tärningar. Trä på sex träspett växelvis med myntabladen. Ordna som ekrarna på ett hjul i en djup tallrik med 25 cm/10 i diameter. Smält smöret eller margarinet på Full i 1 minut, tillsätt sedan vitlökssalt, Worcestershiresås, sojasås och paprika och blanda noggrant. Pensla hälften av blandningen över kebaben. Koka, utan lock, på Full i 8 minuter, vänd på skålen två gånger. Vänd på kebaben och pensla med resterande tråg. Koka på Full i ytterligare 8 minuter, vänd på skålen två gånger. Låt stå i 5 minuter. Värm pitabröden kort under grillen (broiler) tills de blåser upp, skiva sedan längs långsidan för att göra en ficka. Ta bort köttet från spetten och släng lagerbladen. Packa ner lammet i pitorna och lägg sedan en god portion av salladen till varje.

Mellanöstern lamm med frukt

Serverar 4–6

Denna delikat kryddade och fruktiga lammrätt är diskret elegans, förstärkt av sin beläggning av rostade pinjenötter och flingad mandel. Servera med yoghurt och smörris.

675 g/1½ lb urbenat lamm, så magert som möjligt

5 ml/1 tsk mald kanel

2,5 ml/½ tsk mald kryddnejlika

30 ml/2 msk ljust mjukt farinsocker

1 lök, hackad

30 ml/2 msk citronsaft

10 ml/2 tsk majsmjöl (majsstärkelse)

15 ml/1 msk kallt vatten

7,5–10 ml/1½–2 tsk salt

400 g/14 oz/1 stor burk persikaskivor i naturell eller äppeljuice, avrunnen

30 ml/2 msk rostade pinjenötter

30 ml/2 msk flingad mandel

Skär lammet i små tärningar. Lägg i en 1,75 liters/3 pt/7½ kopps gryta (nederländsk ugn). Blanda ihop kryddor, socker, lök och citronsaft och lägg i rätten. Täck med en plåt och koka på Full i 5 minuter, låt sedan stå i 5 minuter. Upprepa tre gånger, rör om ordentligt varje gång. Blanda samman majsmjöl och vatten till en slät smet. Häll av vätskan från lammet och tillsätt majsmjölsblandningen och saltet. Häll över lammet och rör om väl så att det blandas. Koka utan lock på Full i 2 minuter. Rör ner persikoskivorna och koka utan lock på Full i ytterligare 1½ minut. Strö över pinjenötterna och mandeln och servera.

Mock Irish Stew

Serverar 4

675 g/1½ lb tärningskokande lamm

2 stora lökar, grovt rivna

450 g/1 lb potatis, fint tärnad

300 ml/½ pt/1¼ koppar kokande vatten

5 ml/1 tsk salt

45 ml/3 msk hackad persilja

Putsa bort överflödigt fett från lammet. Lägg köttet och grönsakerna i ett enda lager i en djup form med 25 cm/10 i diameter. Täck med plastfolie (plastfolie) och skär den två gånger så att ånga kan komma ut. Koka på Full i 15 minuter, vänd på skålen två gånger. Blanda vattnet och saltet och häll över köttet och grönsakerna, rör om ordentligt för att kombinera. Täck som tidigare och koka på Full i 20 minuter, vänd på skålen tre gånger. Låt stå i 10 minuter. Avtäck och strö över persiljan innan servering.

Bondens fru lammkotletter

Serverar 4

3 kall kokt potatis, tunt skivad

3 kallkokta morötter, tunt skivade

4 magra lammkotletter, 150 g/5 oz vardera

1 liten lök, riven

1 kokt (tärt) äpple, skalat och rivet

30 ml/2 msk äppeljuice

Salt och nymalen svartpeppar

15 ml/1 msk smör eller margarin

Ordna potatis- och morotsskivorna i ett enda lager över botten av en djup 20 cm/8 i diameter form. Ordna kotletterna ovanpå. Strö över lök och äpple och häll saften över. Krydda efter smak och pricka med flingor av smöret eller margarinet. Täck med plastfolie (plastfolie) och skär den två gånger så att ånga kan komma ut. Koka på Full i 15 minuter, vänd på skålen två gånger. Låt stå i 5 minuter innan servering.

Lamm Hot-pot

Serverar 4

675 g/1½ lb potatis, mycket tunt skivad

2 lökar, mycket tunt skivade

3 morötter, mycket tunt skivade

2 stora selleristjälkar, skurna diagonalt i tunna strimlor

8 bästa lammkotletter i nacken, ca 1 kg/2 lb totalt

1 köttbuljongtärning

300 ml/½ pt/1¼ koppar kokande vatten

5 ml/1 tsk salt

25 ml/1½ msk smält smör eller margarin

Lägg hälften av de förberedda grönsakerna i lager i en lätt smord 2,25 liters/4 pt/10 koppar gryta (nederländsk ugn). Lägg kotletterna ovanpå och täck med resterande grönsaker. Täck med plastfolie (plastfolie) och skär den två gånger så att ånga kan komma ut. Koka på Full i 15 minuter, vänd på skålen tre gånger. Ta bort från mikrovågsugnen och avtäck. Smula ner buljongtärningen i vattnet och tillsätt saltet. Häll försiktigt ner på sidan av grytan. Ringla över smöret eller margarinet. Täck som tidigare och koka på Full i 15 minuter. Låt stå i 6 minuter innan servering.

Lammlimpa med mynta och rosmarin

Serverar 4

450 g/1 lb/4 koppar malet lamm

1 vitlöksklyfta, krossad

2,5 ml/½ tsk torkad smulad rosmarin

2,5 ml/½ tsk torkad mynta

30 ml/2 msk vanligt (all-purpose) mjöl

2 stora ägg, vispade

2,5 ml/½ tsk salt

5 ml/1 tsk brun bordssås

Riven muskotnöt

Smörj lätt en 900 ml/1½ pt/3¾ kopp oval pajform. Blanda ihop alla ingredienser utom muskotnöten och bred ut slätt i rätten. Täck med plastfolie (plastfolie) och skär den två gånger så att ånga kan komma ut. Koka på Full i 8 minuter, vänd på skålen två gånger. Låt stå i 4 minuter, avtäck sedan och strö över muskotnöt. Skär i portioner för att servera.

Lammbredie med tomater

Serverar 6

Förbered som för Kyckling Bredie med tomater, men ersätt kycklingen med urbenat och grovhackat lamm.

Lamm Biriani

Serverar 4–6

5 kardemummakapslar
30 ml/2 msk solrosolja
450 g/1 lb trimmad hals av lammfilé, skuren i små tärningar
2 vitlöksklyftor, krossade
20 ml/4 tsk garam masala
225 g/8 oz/1¼ koppar lättkokt långkornigt ris
600 ml/1 pt/2½ dl varm kycklingfond
10 ml/2 tsk salt
125 g/4 oz/1 kopp flingad (skivad) mandel, rostad

Dela kardemummakapslarna för att ta bort fröna, krossa sedan fröna med mortelstöt och mortel. Värm oljan i en 1,5 liters/3 pt/7½ kopps gryta (holländsk ugn) på Full i 1½ minut. Tillsätt lamm, vitlök, kardemummafrön och garam masala. Blanda väl, arrangera sedan runt kanten på fatet, lämna en liten hålighet i mitten. Täck med plastfolie (plastfolie) och skär den två gånger så att ånga kan komma ut. Koka på Full i 10 minuter. Avtäck och blanda i ris, fond och salt. Täck som tidigare och koka på Full i 15 minuter. Låt stå i 3 minuter, häll sedan ut på varma tallrikar och strö varje portion med mandeln.

Utsmyckad Biriani

Serverar 4–6

Förbered som för Lamm Biriani, men arrangera biriani på ett uppvärmt serveringsfat och garnera med hackade hårdkokta (hårdkokta) ägg, tomatklyftor, koriander (koriander) blad och stekt (sauterad) hackad lök.

Moussaka

Serverar 6–8

Du behöver lite tålamod för att förbereda denna flerlagers lammbaserade grekiska klassiker men resultaten är väl värda ansträngningen. Pocherade aubergine (aubergine) skivor gör denna mindre rik och lättare att smälta än vissa versioner.

För auberginelagren:

675 g/1½ lb auberginer

75 ml/5 msk varmt vatten

5 ml/1 tsk salt

15 ml/1 msk färsk citronsaft

För köttlagren:

40 g/1½ oz/3 msk smör, margarin eller olivolja

2 lökar, fint hackade

1 vitlöksklyfta, krossad

350 g/12 oz/3 koppar kallkokt malet lammfärs

125 g/4 oz/2 koppar färskt vitt ströbröd
Salt och nymalen svartpeppar
4 tomater, blancherade, skalade och skivade

Till såsen:

425 ml/¾ pt/lite 2 koppar helmjölk
40 g/1½ oz/3 msk smör eller margarin
45 ml/3 msk vanligt (all-purpose) mjöl
75 g/3 oz/¾ kopp cheddarost, riven
1 äggula

Moussaka med potatis

Serverar 6–8

Förbered som för Moussaka, men ersätt skivad kokt potatis med auberginerna (aubergine).

Snabb Moussaka

Serverar 3–4

Ett snabbt alternativ med acceptabel smak och konsistens.

1 aubergine (aubergine), ca 225 g/8 oz

15 ml/1 msk kallt vatten

300 ml/½ pt/1¼ koppar kall mjölk

300 ml/½ pt/1¼ koppar vatten

1 paket snabbpotatismos att servera 4

225 g/8 oz/2 koppar kallkokt malet lammfärs

5 ml/1 tsk torkad mejram

5 ml/1 tsk salt

2 vitlöksklyftor, krossade

3 tomater, blancherade, skalade och skivade

150 ml/¼ pt/2/3 kopp tjock grekisk vanlig yoghurt

1 ägg

Salt och nymalen svartpeppar

50 g/2 oz/½ kopp cheddarost, riven

Toppa och svansa auberginen och halvera den på längden. Lägg i en grund form, skär sidorna överst och strö över det kalla vattnet. Täck med plastfolie (plastfolie) och skär den två gånger så att ånga kan komma ut. Koka på Full i 5½–6 minuter tills de är mjuka. Låt stå i 2 minuter och låt rinna av. Häll mjölken och vattnet i en skål och rör ner den torkade potatisen. Täck med en tallrik och koka på Full i 6 minuter. Rör om väl och blanda sedan i lamm, mejram, salt och vitlök. Skiva den oskalade auberginen. Lägg omväxlande lager av aubergineskivor och potatisblandningen i en 2,25 liter/4 pt/10 koppar smord gryta (nederländsk ugn), använd hälften av tomatskivorna för att bilda en "smörgåsfyllning" i mitten. Täck med resterande tomatskivor. Vispa ihop yoghurt och ägg och smaka av. Skeda över tomaterna och strö över osten. Täck med hushållsfilm som tidigare. Koka på Full i 7 minuter. Avtäck och bryn under en het grill (broiler) före servering.

Lammfärs

Serverar 4

Förbered som för Basic Mince, men ersätt nötfärsfärsen (malen) lamm.

Shepherd's Pie

Serverar 4

Förbered som för Basic Mince, men ersätt lammfärs med nötkött. Kyl till ljummen och överför sedan till en 1 liter/1¾ pt/4½ kopp smord pajform. Toppa med 750 g/1½ lb varm potatismos gräddad med 15–30 ml/1–2 msk smör eller margarin och 60 ml/4 msk varm mjölk. Krydda väl med salt och nymalen svartpeppar. Bred ut över köttblandningen och grova sedan upp med en gaffel. Värm på nytt utan lock på Full i 2–3 minuter eller bryn under en het grill (broiler).

Lantlever i rött vin

Serverar 4

25 g/1 oz/2 msk smör eller margarin
2 lökar, riven
450 g/1 lb lammlever, skuren i smala strimlor
15 ml/1 msk vanligt (all-purpose) mjöl
300 ml/½ pt/1¼ koppar rött vin
15 ml/1 msk mörkt mjukt farinsocker
1 buljongtärning, smulad
30 ml/2 msk hackad persilja
Salt och nymalen svartpeppar
Smört kokt potatis och lättkokt strimlad vitkål, att servera

Lägg smöret eller margarinet i en djup form med 25 cm/10 i diameter. Smält utan lock vid avfrostning i 2 minuter. Rör ner lök och lever. Täck med en tallrik och koka på Full i 5 minuter. Blanda i alla övriga ingredienser utom salt och peppar. Täck med en tallrik och koka på

Full i 6 minuter, rör om två gånger. Låt stå i 3 minuter. Krydda efter smak och servera med smörkokt potatis och kål.

Lever och bacon

Serverar 4–6

2 lökar, riven

8 st baconskivor (skivor), grovt hackade

450 g/1 lb lammlever, skuren i små tärningar

45 ml/3 msk majsmjöl (majsstärkelse)

60 ml/4 msk kallt vatten

150 ml/¼ pt/2/3 kopp kokande vatten

Salt och nymalen svartpeppar

Lägg löken och baconet i en 1,75 liters/3 pt/7½ kopps gryta (nederländsk ugn). Koka, utan lock, på Full i 7 minuter, rör om två gånger. Blanda i levern. Täck med en tallrik och koka på Full i 8 minuter, rör om tre gånger. Blanda majsmjölet med det kalla vattnet till en slät pasta. Rör ner i levern och löken och blanda sedan gradvis i det kokande vattnet. Täck med en tallrik och koka på Full i 6 minuter, rör om tre gånger. Låt stå i 4 minuter. Krydda efter smak och servera.

Lever och bacon med äpple

Serverar 4–6

Förbered som för lever och bacon, men ersätt 1 ätande (dessert) äpple, skalat och rivet, mot en av löken. Byt ut hälften av det kokande vattnet med äppeljuice i rumstemperatur.

Njurar i rött vin med konjak

Serverar 4

6 lammnjurar

30 ml/2 msk smör eller margarin

1 lök, finhackad

30 ml/2 msk vanligt (all-purpose) mjöl

150 ml/¼ pt/2/3 kopp torrt rött vin

2 buljongtärningar

50 g/2 oz svamp, skivad

10 ml/2 tsk tomatpuré (pasta)

2,5 ml/½ tsk paprika

2,5 ml/½ tsk senapspulver

30 ml/2 msk hackad persilja

30 ml/2 msk konjak

Skala och halvera njurarna, skär sedan ut och kassera kärnorna med en vass kniv. Skiva mycket tunt. Smält hälften av smöret utan lock på Tina i 1 minut. Rör ner njurarna och ställ åt sidan. Lägg resten av smöret och löken i en form på 1,5 liter/2½ pt/6 koppar. Koka, utan lock, på Full i 2 minuter, rör om en gång. Blanda i mjölet, sedan vinet. Koka, utan lock, på Full i 3 minuter, rör om snabbt varje minut. Smula i buljongtärningarna och rör sedan ner svamp, tomatpuré, paprika, senap och njurarna med smöret eller margarinet. Blanda noggrant. Täck med plastfolie (plastfolie) och skär den två gånger så att ånga kan komma ut. Koka på Full i 5 minuter, vänd på skålen en gång. Låt stå i 3 minuter, avtäck sedan och strö över persiljan. Värm konjaken i en kopp på Full i 10–15 sekunder. Häll över njurblandningen och tänd på. Servera när lågorna har lagt sig.

Rådjursbiffar med ostronsvamp och blåmögelost

Serverar 4

Salt och nymalen svartpeppar
8 små viltbiffar
5 ml/1 tsk enbär, krossade
5 ml/1 tsk herbes de Provence
30 ml/2 msk olivolja
300 ml/½ pt/1¼ koppar torrt rött vin
60 ml/4 msk rik nötbuljong
60 ml/4 msk gin
1 lök, hackad
225 g/8 oz ostronsvamp, putsade och skivade
250 ml/8 fl oz/1 kopp enkel (lätt) kräm
30 ml/2 msk rödvinbärsgelé (klar konservering)
60 ml/4 msk ädelost, smulad
30 ml/2 msk hackad persilja

Krydda viltköttet efter smak och arbeta sedan in enbären och herbes de Provence. Hetta upp oljan i en stekpanna på Full i 2 minuter. Tillsätt biffarna och koka utan lock på Full i 3 minuter, vänd en gång. Tillsätt vin, fond, gin, lök, champinjoner, grädde och röda vinbärsgelé. Täck med plastfolie (plastfolie) och skär den två gånger så att ånga kan

komma ut. Koka på Medium i 25 minuter, vänd på rätten fyra gånger.
Blanda i osten. Täck med en värmesäker plåt och koka på Full i 2
minuter. Låt stå i 3 minuter, avtäck sedan och servera garnerad med
persiljan.

.

Laga liten pasta

Följ anvisningarna för tillagning av stor pasta men koka endast 4–5
minuter. Täck och låt stå i 3 minuter, låt rinna av och servera.

Kinesisk nudel- och svampsallad med valnötter

Serverar 6

30 ml/2 msk sesamolja

175 g/6 oz svamp, skivad

250 g/9 oz tråd äggnudlar

7,5 ml/1½ tsk salt

75 g/3 oz/¾ kopp hackade valnötter

5 vårlökar (salladslökar), hackade

30 ml/2 msk sojasås

Värm oljan utan lock på upptining i 2½ minut. Tillsätt svampen. Täck
med en tallrik och koka på Full i 3 minuter, rör om två gånger.
Avsätta. Lägg nudlarna i en stor skål och tillsätt tillräckligt med
kokande vatten för att komma 5 cm/2 in över pastan. Rör ner saltet.
Koka utan lock på Full i 4–5 minuter tills nudlarna sväller och är

precis mjuka. Häll av och låt svalna. Blanda i resten av ingredienserna inklusive svampen och blanda väl för att blanda.

Peppar makaroner

Serverar 2

300 ml/½ pt/1¼ koppar tomatjuice
125 g/4 oz/1 kopp armbågsmakaroner
5 ml/1 tsk salt
30 ml/2 msk vitt vin, uppvärmt
1 liten röd eller grön paprika, kärnad och hackad
45 ml/3 msk olivolja
75 g/3 oz/¾ kopp Gruyère (schweizisk) eller emmentalerost, riven
30 ml/2 msk hackad persilja

Häll tomatjuicen i en form på 1,25 liter/2¼ pt/5½ kopp. Täck med en plåt och värm på Full i 3½–4 minuter tills mycket varmt och bubblande. Rör ner alla resterande ingredienser utom osten och persiljan. Täck som tidigare och koka på Full i 10 minuter, rör om två gånger. Låt stå i 5 minuter. Strö över osten och persiljan. Värm upp igen utan lock på Full i cirka 1 minut tills osten smält.

Familj makaronost

Serverar 6–7

För enkelhetens skull är det här receptet för en stor familjemåltid, men eventuella rester kan värmas upp portionsvis i mikrovågsugnen.

350 g/12 oz/3 koppar armbågsmakaroner

10 ml/2 tsk salt

30 ml/2 msk majsmjöl (majsstärkelse)

600 ml/1 pt/2½ koppar kall mjölk

1 ägg, uppvispat

10 ml/2 tsk gjord senap

Nymalen svartpeppar

275 g/10 oz/2½ koppar cheddarost, riven

Lägg makaronerna i en djup form. Rör i saltet och tillräckligt med kokande vatten för att komma 5 cm/2 in över pastan. Koka, utan lock, på Full i cirka 10 minuter tills den precis är mjuk, rör om tre gånger. Häll av om det behövs, låt sedan stå medan du förbereder såsen. I en separat stor skål, blanda majsmjölet slätt med lite av den kalla mjölken och blanda sedan i resten. Koka utan lock på Full i 6–7 minuter tills det tjocknat jämnt, vispa varje minut. Blanda i ägg, senap och peppar följt av två tredjedelar av osten och alla makaroner. Blanda ordentligt med en gaffel. Fördela jämnt i en smörad form på 30 cm/12 i diameter. Strö resterande ost över toppen. Värm upp igen utan lock på Full i 4–5 minuter. Om så önskas, bryn snabbt under en het grill (broiler) före servering.

Klassisk makaronost

Serverar 4–5

Denna version är något rikare än Family Macaroni Cheese och lämpar sig för ett antal varianter.

225 g/8 oz/2 koppar armbågsmakaroner
7,5 ml/1½ tsk salt
30 ml/2 msk smör eller margarin
30 ml/2 msk vanligt (all-purpose) mjöl
300 ml/½ pt/1¼ koppar mjölk
225 g/8 oz/2 koppar cheddarost, riven
5–10 ml/1–2 tsk gjord senap
Salt och nymalen svartpeppar

Lägg makaronerna i en djup form. Rör i saltet och tillräckligt med kokande vatten för att komma 5 cm/2 in över pastan. Koka, utan lock, på Full i 8–10 minuter tills de precis är mjuka, rör om två eller tre gånger. Stå i 3–4 minuter i mikrovågsugnen. Häll av om det behövs, låt sedan stå medan du förbereder såsen. Smält smöret eller margarinet utan lock vid upptining i 1–1½ minut. Rör ner mjölet och blanda sedan gradvis i mjölken. Koka utan lock på Full i 6–7 minuter tills det tjocknat jämnt, vispa varje minut. Blanda i två tredjedelar av osten, följt av senap och krydda, sedan makaronerna. Fördela jämnt i en 20 cm/8 i diameter form. Strö över resterande ost. Värm upp igen utan lock på Full i 3–4 minuter. Om så önskas, bryn snabbt under en het grill (broiler) före servering.

Makaronost med Stilton

Serverar 4–5

Förbered som för klassisk makaronost, men ersätt hälften av cheddarosten med 100 g/3½ oz/1 kopp smulad Stilton.

Makaronost med bacon

Serverar 4–5

Förbered som för klassisk makaronost, men rör i 6 rashers (skivor) randigt bacon, grillat (stekt) tills det är knaprigt och sedan smulat, med senap och kryddor.

Makaronost med tomater

Serverar 4–5

Förbered som för Classic Macaroni Cheese, men lägg ett lager tomatskivor från ca 3 skalade tomater ovanpå pastan innan du strö över resterande ost.

Spaghetti carbonara

Serverar 4

75 ml/5 msk dubbel (tung) grädde
2 stora ägg
100 g/4 oz/1 kopp parmaskinka, hackad
175 g/6 oz/1½ koppar riven parmesanost
350 g/12 oz spagetti eller annan stor pasta

Vispa ihop grädde och ägg. Rör ner skinkan och 90 ml/6 msk parmesan. Koka spaghettin enligt anvisningarna. Låt rinna av och lägg i ett serveringsfat. Tillsätt gräddblandningen och blanda ihop allt med två trägafflar eller skedar. Täck med hushållspapper och värm på Full i 1½ minut. Servera varje portion toppad med resterande parmesan.

Makaroniost i pizza-stil

Serverar 4–5

225 g/8 oz/2 koppar armbågsmakaroner

7,5 ml/1½ tsk salt

30 ml/2 msk smör eller margarin

30 ml/2 msk vanligt (all-purpose) mjöl

300 ml/½ pt/1¼ koppar mjölk

125 g/4 oz/1 kopp cheddarost, riven

125 g/4 oz/1 kopp mozzarellaost, riven

5–10 ml/1–2 tsk gjord senap

Salt och nymalen svartpeppar

212 g/7 oz/1 liten burk tonfisk i olja, avrunnen och oljan reserverad

12 stenade (urkärnade) svarta oliver, skivade

1 konserverad pimiento, skivad

2 tomater, blancherade, skalade och grovt hackade

5–10 ml/1–2 tsk röd eller grön pesto (valfritt)

Basilikablad, till garnering

Lägg makaronerna i en djup form. Rör i saltet och tillräckligt med kokande vatten för att komma 5 cm/2 in över pastan. Koka, utan lock, på Full i 8–10 minuter tills de precis är mjuka, rör om två eller tre gånger. Stå i 3–4 minuter i mikrovågsugnen. Häll av om det behövs, låt sedan stå medan du förbereder såsen. Smält smöret eller margarinet utan lock vid upptining i 1–1½ minut. Rör ner mjölet och blanda sedan gradvis i mjölken. Koka utan lock på Full i 6–7 minuter tills det tjocknat jämnt, vispa varje minut. Blanda i två tredjedelar av varje ost, följt av senap och krydda. Rör ner makaronerna, tonfisken, 15 ml/1 msk av tonfiskoljan, oliverna, pimiento, tomater och peston, om du använder den. Fördela jämnt i en 20 cm/8 i diameter form. Strö över resterande ostar. Värm upp igen utan lock på Full i 3–4 minuter. Om så önskas,

Spaghettikräm med vårlök

Serverar 4

150 ml/¼ pt/2/3 kopp dubbel (tung) grädde

1 äggula

150 g/5 oz/1¼ koppar riven parmesanost

8 stycken vårlökar (salladslökar), fint hackade

Salt och nymalen svartpeppar

350 g/12 oz spagetti eller annan stor pasta

Vispa ihop grädde, äggula, 45 ml/3 msk parmesan och vårlöken. Krydda väl efter smak. Koka spaghettin enligt anvisningarna. Låt rinna av och lägg i ett serveringsfat. Tillsätt gräddblandningen och blanda ihop allt med två trägafflar eller skedar. Täck med hushållspapper och värm på Full i 1½ minut. Erbjud resten av parmesanosten separat.

Spaghetti bolognese

Serverar 4–6

450 g/1 lb/4 koppar magert malet nötkött
1 vitlöksklyfta, krossad
1 stor lök, riven
1 grön paprika, kärnad och finhackad
5 ml/1 tsk italiensk krydda eller torkade blandade örter
400 g/14 oz/1 stor burk hackade tomater
45 ml/3 msk tomatpuré (pasta)
1 köttbuljongtärning
75 ml/5 msk rött vin eller vatten
15 ml/1 msk mörkt mjukt farinsocker
5 ml/1 tsk salt
Nymalen svartpeppar
350 g/12 oz nykokt och avrunnen spagetti eller annan pasta
Riven parmesanost

Kombinera nötköttet med vitlöken i en 1,75 liters/3 pt/7½ koppsform. Koka, utan lock, på Full i 5 minuter. Blanda i alla övriga ingredienser utom salt, peppar och spaghetti. Täck med en tallrik och koka på Full i 15 minuter, rör om fyra gånger med en gaffel för att bryta upp köttet. Låt stå i 4 minuter. Smaka av med salt och peppar efter smak och servera med spaghettin. Erbjud parmesanosten separat.

Spaghetti med Turkiet Bolognese sås

Serverar 4

Förbered som för Spaghetti Bolognese, men ersätt köttfärs (malen) kalkon.

Spaghetti med Ragusås

Serverar 4

En traditionell och ekonomisk sås, som först användes i England i Soho-trattorior strax efter andra världskriget.

20 ml/4 tsk olivolja

1 stor lök, finhackad

1 vitlöksklyfta, krossad

1 liten morot, riven

250 g/8 oz/2 koppar magert malet nötkött

10 ml/2 tsk vanligt (all-purpose) mjöl

15 ml/1 msk tomatpuré (pasta)

300 m/½ pt/1¼ dl nötbuljong

45 ml/3 msk torrt vitt vin

1,5 ml/¼ tsk torkad basilika

1 litet lagerblad

175 g/6 oz svamp, grovt hackad

Salt och nymalen svartpeppar

350 g/12 oz nykokt och avrunnen spagetti eller annan pasta

Riven parmesanost

Lägg oljan, löken, vitlöken och moroten i ett fat på 1,75 liter/3 pt/7½ kopp. Värm, utan lock, på Full i 6 minuter. Tillsätt alla resterande ingredienser utom salt, peppar och spaghetti. Täck med en tallrik och koka på Full i 11 minuter, rör om tre gånger. Låt stå i 4 minuter.

Smaka av med salt och peppar, ta bort lagerbladet och servera med spaghettin. Erbjud parmesanosten separat.

Spaghetti med smör

Serverar 4

350 g/12 oz pasta
60 ml/4 msk smör eller olivolja
Riven parmesanost

Koka pastan enligt anvisningarna. Låt rinna av och lägg i en stor form med smöret eller olivoljan. Rör om med två skedar tills pastan är väl täckt. Skeda på fyra uppvärmda tallrikar och hop riven parmesanost på varje.

Pasta med vitlök

Serverar 4

350 g/12 oz pasta
2 vitlöksklyftor, krossade
50 g/2 oz smör
10 ml/2 tsk olivolja
30 ml/2 msk hackad persilja
Riven parmesanost
Raket- eller radicchioblad, strimlade

Koka pastan enligt anvisningarna. Värm vitlök, smör och olja på Full i 1½ minut. Rör ner persiljan. Häll av pastan och lägg i en serveringsform. Tillsätt vitlöksblandningen och blanda ihop allt med två träskedar. Servera genast beströdd med parmesan och garnerad med strimlad rucola eller radicchioblad.

Spaghetti med nötkött och blandad grönsaksbolognesesås

Serverar 4

30 ml/2 msk olivolja

1 stor lök, finhackad

2 vitlöksklyftor, krossade

4 rashers (skivor) strimmigt bacon, hackat

1 stjälkselleri, hackad

1 morot, riven

125 g/4 oz knappsvamp, tunt skivad

225 g/8 oz/2 koppar magert malet nötkött

30 ml/2 msk vanligt (all-purpose) mjöl

1 vinglas torrt rött vin

150 ml/¼ pt/2/3 kopp passata (siktade tomater)

60 ml/4 msk nötbuljong

2 stora tomater, blancherade, skalade och hackade

15 ml/1 msk mörkt mjukt farinsocker

1,5 ml/¼ tsk riven muskotnöt

15 ml/1 msk hackade basilikablad

Salt och nymalen svartpeppar

350 g/12 oz nykokt och avrunnen spagetti

Riven parmesanost

Lägg olja, lök, vitlök, bacon, selleri och morot i en 2 liters/3½ pt/8½ koppsform. Tillsätt svampen och köttet. Koka, utan lock, på Full i 6 minuter, rör om två gånger med en gaffel för att bryta upp köttet.

Blanda i alla övriga ingredienser utom salt, peppar och spaghetti. Täck med en tallrik och koka på Full i 13–15 minuter, rör om tre gånger. Låt stå i 4 minuter. Smaka av med salt och peppar och servera med pastan. Erbjud parmesanosten separat.

Spaghetti med köttfärssås och grädde

Serverar 4

Förbered som för Spaghetti med nötkött och blandad grönsaksbolognesesås, men rör ner 30–45 ml/2–3 msk dubbel (tung) grädde på slutet.

Spaghetti med Marsala köttsås

Serverar 4

Förbered som för Spaghetti med nötkött och blandad grönsaksbolognesesås, men ersätt vinet med marsala och tillsätt 45 ml/3 msk Marscaponeost på slutet.

Pasta alla Marinara

Serverar 4

Detta betyder "sjömansstil" och kommer från Neapel.

30 ml/2 msk olivolja
3–4 vitloksklyftor, pressade
8 stora tomater, blancherade, skalade och hackade
5 ml/1 tsk finhackad mynta
15 ml/1 msk finhackade basilikablad
Salt och nymalen svartpeppar
350 g/12 oz nykokt och avrunnen pasta
Riven pecorino eller parmesanost, att servera

Lägg alla ingredienser utom pastan i en form på 1,25 liter/2¼ pt/5½ kopp. Täck med en tallrik och koka på Full i 6–7 minuter, rör om tre gånger. Servera med pastan och bjud Pecorino- eller Parmesanosten separat.

Pasta Matriciana

Serverar 4

En rustik pastasås från den centrala regionen Abruzzo i Italien.

30 ml/2 msk olivolja

1 lök, hackad

5 utslag (skivor) orökt strimmigt bacon, grovt hackat

8 tomater, blancherade, skalade och hackade

2–3 vitlöksklyftor, krossade

350 g/12 oz nykokt och avrunnen pasta

Riven pecorino eller parmesanost, att servera

Lägg alla ingredienser utom pastan i en form på 1,25 liter/2¼ pt/5½ kopp. Täck med en tallrik och koka på Full i 6 minuter, rör om två gånger. Servera med pastan och bjud Pecorino- eller Parmesanosten separat.

Pasta med tonfisk och kapris

Serverar 4

15 ml/1 msk smör
200 g/7 oz/1 liten burk tonfisk i olja
60 ml/4 msk grönsaksfond eller vitt vin
15 ml/1 msk kapris, hackad
30 ml/2 msk hackad persilja
350 g/12 oz nykokt och avrunnen pasta
Riven parmesanost

Lägg smöret i en 600 ml/1 pt/2½ koppsform och smält utan lock på Tina i 1½ minut. Tillsätt innehållet i burken med tonfisk och flinga fisken. Rör ner fonden eller vinet, kapris och persilja. Täck med en plåt och värm på Full i 3–4 minuter. Servera med pastan och bjud på parmesanosten separat.

Pasta Napoletana

Serverar 4

Denna flamboyanta tomatsås från Neapel, med en varm och färgstark smak, görs bäst på sommaren när tomaterna är som mest.

8 stora mogna tomater, blancherade, skalade och grovt hackade

30 ml/2 msk olivolja

1 lök, hackad

2–4 vitlöksklyftor, krossade

1 stjälkselleri, finhackad

15 ml/1 msk hackade basilikablad

10 ml/2 tsk ljust mjukt farinsocker

60 ml/4 msk vatten eller rött vin

Salt och nymalen svartpeppar

30 ml/2 msk hackad persilja

350 g/12 oz nykokt och avrunnen pasta

Riven parmesanost

Lägg tomater, olja, lök, vitlök, selleri, basilika, socker och vatten eller vin i en form på 1,25 liter/2¼ pt/5½ kopp. Blanda väl. Täck med en tallrik och koka på Full i 7 minuter, rör om två gånger. Krydda efter smak och rör sedan ner persiljan. Servera direkt med pastan och bjud på parmesanosten separat.

Pasta Pizzaiola

Serverar 4

Förbered som för Pasta Napoletana, men öka tomaterna till 10, utelämna löken, sellerin och vattnet och använd dubbel mängd persilja. Tillsätt 15 ml/1 msk färsk eller 2,5 ml/½ tsk torkad oregano med persiljan.

Pasta med ärtor

Serverar 4

Förbered som för Pasta Napoletana, men tillsätt 125 g/4 oz/1 kopp grovhackad skinka och 175 g/6 oz/1½ dl färska ärtor till tomaterna med övriga ingredienser. Koka i 9–10 minuter.

Pasta med kycklingleversås

Serverar 4

225 g/8 oz kycklinglever
30 ml/2 msk vanligt (all-purpose) mjöl
15 ml/1 msk smör
15 ml/1 msk olivolja
1–2 vitlöksklyftor, krossade
125 g/4 oz svamp, skivad
150 ml/¼ pt/2/3 kopp varmt vatten
150 ml/¼ pt/2/3 kopp torrt rött vin
Salt och nymalen svartpeppar
350 g/12 oz pasta, nykokt och avrunnen

Pasta med ansjovis

Serverar 4

30 ml/2 msk olivolja
15 ml/1 msk smör
2 vitlöksklyftor, krossade
50 g/2 oz/1 liten burk ansjovisfiléer i olja
45 ml/3 msk hackad persilja
2,5 ml/½ tsk torkad basilika
Nymalen svartpeppar
350 g/12 oz nykokt och avrunnen pasta

Lägg olja, smör och vitlök i en 600 ml/1 pt/2½ koppsform. Hacka ansjovisen och tillsätt med oljan från burken. Blanda i persilja, basilika och peppar efter smak. Täck med en tallrik och koka på Full i 3–3½ minuter. Servera direkt med pastan.

Ravioli med sås

Serverar 4

350 g/12 oz/3 koppar ravioli

Koka som för stor pasta och servera sedan med någon av de tomatbaserade pastasåserna ovan.

Tortellini

Serverar 4

Låt cirka 250 g/9 oz köpt tortellini och koka som för stor färsk eller torkad pasta. Låt rinna av noggrant, tillsätt 25 g osaltat (sött) smör och rör om ordentligt. Servera varje portion med riven parmesanost.

Lasagne

Serverar 4–6

45 ml/3 msk varmt vatten

Spaghetti Bolognese sås

9–10 ark utan att förkoka vanlig, grön (verdi) eller brun (fullkorn) lasagne

Ostsås

25 g/1 oz/¼ kopp riven parmesanost

30 ml/2 msk smör

Riven muskotnöt

Olja eller smör en 20 cm/8 i fyrkantig form. Tillsätt det varma vattnet till Bolognesesåsen. Lägg ett lager lasagneplattor i botten av fatet, sedan ett lager bolognesesås och sedan ett lager ostsås. Fortsätt med lagren, avsluta med ostsåsen. Strö över parmesanosten, strö över smöret och pudra över muskotnöt. Koka utan lock i 15 minuter, vänd på skålen två gånger. Låt stå i 5 minuter och fortsätt sedan att koka i ytterligare 15 minuter eller tills lasagnen känns mjuk när en kniv trycks genom mitten. (Tillagningstiden kommer att variera beroende på den initiala temperaturen för de två såserna.)

Pizza Napoletana

Gör 4

Mikrovågsugnen gör ett bra jobb på pizzor, som påminner om de du kan hitta över hela Italien och i Neapel i synnerhet.

30 ml/2 msk olivolja
2 lökar, skalade och finhackade
1 vitlöksklyfta, krossad
150 g/5 oz/2/3 kopp tomatpuré (pasta)
Grundläggande vit eller brun bröddeg
350 g/12 oz/3 koppar mozzarellaost, riven
10 ml/2 tsk torkad oregano
50 g/2 oz/1 liten burk ansjovisfiléer i olja

Koka olja, lök och vitlök, utan lock, på Full i 5 minuter, rör om två gånger. Blanda i tomatpurén och ställ åt sidan. Dela degen lika i fyra delar. Rulla var och en till en runda som är tillräckligt stor för att täcka en oljad och mjölad 20 cm/8 i platt plåt. Täck med hushållspapper och låt stå i 30 minuter. Bred ut varje med tomatblandningen. Blanda osten med oregano och strö lika mycket över varje pizza. Garnera med ansjovisen. Grädda individuellt, täckt med hushållspapper, på Full i 5 minuter, vänd två gånger. Ät direkt.

Pizza Margherita

Gör 4

Förbered som för Pizza Napoletana, men ersätt torkad basilika med oregano och utelämna ansjovisen.

Skaldjurspizza

Gör 4

Förbered som för Pizza Napoletana. När den är tillagad, fyll med räkor (räkor), musslor, musslor etc.

Pizza Siciliana

Gör 4

Förbered som för Pizza Napoletana. När den är tillagad, fyll med 18 små svarta oliver mellan ansjovisen.

Svamppizza

Gör 4

Förbered som för Pizza Napoletana, men strö 100 g/3½ oz tunt skivad svamp över tomatblandningen innan du tillsätter osten och örterna. Koka i ytterligare 30 sekunder.

Skinka och ananaspizza

Gör 4

Förbered som för Pizza Napoletana, men strö 125 g/4 oz/1 kopp hackad skinka över tomatblandningen innan du lägger till osten och örterna. Hacka 2 konserverade ananasringar och strö över toppen av pizzan. Koka i ytterligare 45 sekunder.

Pepperoni pizzor

Gör 4

Förbered som för Pizza Napoletana, men toppa varje pizza med 6 tunna skivor pepperonikorv.

Smört flingad mandel

En fantastisk topping för söta och salta rätter.

15 ml/1 msk osaltat (söt) smör
50 g/2 oz/½ kopp flingad mandel
Vanligt eller smaksatt salt eller strösocker (superfint).

Lägg smöret i en grund 20 cm/8 i diameter form. Smält utan lock på Full i 45–60 sekunder. Tillsätt mandeln och koka utan lock på Full i 5–6 minuter tills den är gyllenbrun, rör om och vänd varje minut. Strö över salt för att toppa salta rätter, strösocker för sött.

Flingad mandel i vitlökssmör

Förbered som för smörad flingad mandel, men använd köpt vitlökssmör. Detta är en smart topping för rätter som potatismos och kan även läggas till krämiga soppor.

Torkade kastanjer

Mikrovågsugnen gör att torkade kastanjer kan tillagas och användas på under 2 timmar utan blötläggning över natten följt av långvarig tillagning. Också det hårda jobbet med peeling har redan gjorts för dig.

Tvätta 250 g/8 oz/2 koppar torkade kastanjer. Lägg i ett fat på 1,75 liter/3 pt/7½ kopp. Rör i 600 ml/1 pt/2½ koppar kokande vatten. Täck med en tallrik och koka på Full i 15 minuter, vänd på skålen tre gånger. Stå i mikron i 15 minuter. Upprepa med samma tillagningsoch vilotider. Avtäck, tillsätt ytterligare 150 ml/¼ pt/2/3 kopp kokande vatten och rör runt. Täck som tidigare och koka på Full i 10 minuter, rör om två gånger. Låt stå i 15 minuter innan du använder.

Torkande örter

Om du odlar dina egna örter men har svårt att torka dem i ett fuktigt och oförutsägbart klimat, kommer mikrovågsugnen att göra jobbet åt dig effektivt, effektivt och rent på nästan nolltid, så att din ettåriga skörd kan avnjutas under vintermånaderna. Varje sort av ört bör torkas av sig själv för att behålla smaken intakt. Om du vill senare kan du göra dina egna blandningar genom att blanda flera torkade örter tillsammans.

Börja med att skära av örterna från deras buskar med sekatör eller sax. Dra av bladen (nålar när det gäller rosmarin) från stjälkarna och packa dem löst i en 300 ml/½ pt/1¼ kopps måttkanna, fyll den nästan tills den svämmar över. Häll i ett durkslag (sil) och skölj dem snabbt och försiktigt under kallt rinnande vatten. Låt rinna av ordentligt och torka sedan mellan vecken på en ren, torr kökshandduk (disktrasa). Lägg ovanpå ett dubbeltjockt hushållspapper placerat direkt på mikrovågsskivan. Värm, utan lock, på Full i 5–6 minuter, flytta försiktigt runt örterna på pappret två eller tre gånger. Så fort de låter som höstlöv som prasslar och har tappat sin klargröna färg kan man anta att örterna är genomtorkade. Om inte, fortsätt att värma i 1–1½ minut. Ta ut ur ugnen och låt svalna. Krossa de torkade örterna genom att gnugga dem mellan händerna. Överför till lufttäta burkar med proppar och etikett. Förvaras åtskilt från starkt ljus.

Frasande brödsmulor

Högkvalitativa bleka ströbröd – i motsats till ringblomma-gula paket – görs perfekt i mikrovågsugnen och blir knapriga och spröda utan att bryna. Brödet kan vara färskt eller gammalt men färskt tar lite längre tid att torka. Smula 3½ stora skivor vitt eller brunt bröd med skorpor till fina smulor. Fördela smulorna i en grund 25 cm/10 i diameter form. Koka, utan lock, på Full i 5–6 minuter, rör om fyra gånger, tills du kan känna i fingrarna att smulorna är torra och knapriga. Låt svalna, rör runt då och då och förvara sedan i en lufttät behållare. De kommer att förvaras nästan på obestämd tid på en sval plats.

Nötburgare

Gör 12

Dessa är inte på något sätt nya, särskilt för vegetarianer och veganer, men kombinationen av nötter ger dessa hamburgare en enastående smak, och den krispiga konsistensen är lika aptitretande. De kan serveras varma med en sås, kalla med sallad och majonnäs, halveras horisontellt och användas som smörgåsfyllning, eller ätas precis som de är till mellanmål.

30 ml/2 msk smör eller margarin

125 g/4 oz/1 kopp hel mandel utan skal

125 g/4 oz/1 kopp pekannötsbitar

125 g/4 oz/1 kopp cashewnötsbitar, rostade

125 g/4 oz/2 koppar färska mjuka bruna ströbröd

1 medelstor lök, riven

2,5 ml/½ tsk salt

5 ml/1 tsk gjord senap

30 ml/2 msk kall mjölk

Smält smöret eller margarinet utan lock på Full i 1–1½ minut. Mal nötterna ganska fint i en mixer eller matberedare. Tippa ut och blanda med resten av ingredienserna inklusive smöret eller margarinet. Dela i 12 lika stora bitar och forma till ovaler. Ordna runt kanten på en stor smord plåt. Koka, utan lock, på Full i 4 minuter, vänd en gång. Låt stå i 2 minuter.

Nutkin tårta

Serverar 6–8

Förbered som för nötburgare, men ersätt 350 g/12 oz/3 koppar malda blandade nötter som du väljer med mandel, pekannötter och cashewnötter. Forma till en 20 cm/8 i runda och lägg på en smord plåt. Koka utan lock på Full i 3 minuter. Låt stå i 5 minuter och koka sedan på Full i ytterligare 2½ minuter. Låt stå i 2 minuter. Servera varm eller kall, skuren i klyftor.

Bovete

Serverar 4

Även känd som saracensk majs och infödd i Ryssland, är bovete besläktat med inget annat spannmål. Det är den lilla frukten av en sött parfymerad rosablommande växt som tillhör hamnfamiljen. Basen för blinis (eller ryska pannkakor), spannmålen är en rejäl, jordnära bas och är en hälsosam ersättning för potatis med kött och fågel.

175 g/6 oz/1 kopp bovete

1 ägg, uppvispat

5 ml/1 tsk salt

750 ml/1¼ pts/3 koppar kokande vatten

Blanda bovetet och ägget i en 2 liters/3½ pt/8½ koppsform. Rosta, utan lock, på Full i 4 minuter, rör om och bryt upp med en gaffel varje minut. Tillsätt saltet och vattnet. Ställ på en tallrik i mikrovågsugnen vid spill och koka utan lock på Full i 22 minuter, rör om fyra gånger. Täck med en plåt och låt stå i 4 minuter. Gaffla runt innan servering.

Bulgar

Serverar 6–8

Kallas även burghal, burghul eller sprucket vete, detta spannmål är en av Mellanösterns basvaror. Det är nu allmänt tillgängligt från stormarknader och hälsokostbutiker.

225 g/8 oz/1¼ koppar bulgar

600 ml/1 pt/2½ koppar kokande vatten

5–7,5 ml/1–1½ tsk salt

Lägg bulgaren i ett fat på 1,75 liter/3 pt/7½ kopp. Rosta, utan lock, på Full i 3 minuter, rör om varje minut. Rör ner det kokande vattnet och saltet. Täck med en tallrik och låt stå i 6–15 minuter, beroende på vilken sort av bulgar som används, tills kornet är al dente, som pasta. Lufta upp med en gaffel och ät varmt eller kallt.

Bulgar med stekt lök

Serverar 4

1 lök, riven

15 ml/1 msk oliv eller solros

1 kvantitet Bulgar

Lägg löken och oljan i en liten form. Koka, utan lock, på Full i 4 minuter, rör om tre gånger. Tillsätt den kokta bulgaren samtidigt som vattnet och saltet.

Tabbouleh

Serverar 4

Färgad djupgrön av persiljan, den här rätten frammanar Libanon och är en av de mest aptitretande sallader man kan tänka sig, ett perfekt komplement till många rätter från vegetariska nötkotletter till lammstek. Det är också en attraktiv förrätt, arrangerad över grönsallad på individuella tallrikar.

1 kvantitet Bulgar

120–150 ml/4–5 fl oz/½–2/3 kopp finhackad plattbladspersilja

30 ml/2 msk hackade myntablad

1 medelstor lök, finriven

15 ml/1 msk olivolja

Salt och nymalen svartpeppar

Salladsblad

Tärnade tomater, tärnad gurka och svarta oliver, till garnering

Koka bulgaren enligt anvisningarna. Häll över halva mängden i en skål och blanda i persilja, mynta, lök, olja och rikligt med salt och peppar efter smak. När den är kall, arrangera på salladsblad och dekorera snyggt med garneringen. Använd den återstående bulgaren på vilket sätt du vill.

Sultans sallad

Serverar 4

En personlig favorit och, toppad med bitar av fetaost och serverad med pitabröd, blir den en komplett måltid.

1 kvantitet Bulgar

1–2 vitlöksklyftor, krossade

1 morot, riven
15 ml/1 msk hackade myntablad
60 ml/4 msk hackad persilja
Saften av 1 stor citron, silad
45 ml/3 msk oliv- eller solrosolja, eller en blandning av båda
Gröna sallad
Rostade mandlar och gröna oliver, till garnering

Koka bulgaren enligt anvisningarna och rör sedan ner vitlök, morot, mynta, persilja, citronsaft och olja. Lägg upp på en tallrik klädd med grönsallad och fyll med rostad mandel och gröna oliver.

Couscous

Serverar 4

Couscous är både ett spannmål och namnet på en nordafrikansk kött- eller grönsaksgryta. Tillverkad av durumvetegryn (grädde av vete), det ser ut som små, perfekt rundade pärlor. Tidigare var den handgjord av hängivna och begåvade hemkockar men finns nu i paket och kan tillagas på ett nafs, tack vare en fransk teknik som gör bort den mödosamma och långsamma uppgiften att ånga. Du kan ersätta couscous med alla rätter gjorda med bulgar (sidorna 209–10).

250 g/9 oz/1½ koppar köpt couscous
300 ml/½ pt/1¼ koppar kokande vatten
5–10 ml/1–2 tsk salt

Lägg couscousen i en 1,75 liters/3 pt/7½ koppsform och rosta, utan lock, på Full i 3 minuter, rör om varje minut. Tillsätt vattnet och saltet och blanda runt. Täck med en tallrik och koka på Full i 1 minut. Låt stå i mikron i 5 minuter. Lufta upp med en gaffel innan servering.

Gröpe

Serverar 4

Grits (hominy grits) är ett nästan vitt nordamerikanskt spannmål baserat på majs (majs). Den äts med varm mjölk och socker eller med smör och salt och peppar. Den är tillgänglig från specialbutiker som Harrods i London.

150 g/5 oz/lite 1 kopp gryn
150 ml/¼ pt/2/3 kopp kallt vatten

600 ml/1 pt/2½ koppar kokande vatten

5 ml/1 tsk salt

Lägg grynen i en skål på 2,5 liter/4½ pt/11 koppar. Blanda slätt med det kalla vattnet, rör sedan ner det kokande vattnet och saltet. Koka, utan lock, på Full i 8 minuter, rör om fyra gånger. Täck med en tallrik och låt stå i 3 minuter innan servering.

Gnocchi alla Romana

Serverar 4

Gnocchi finns ofta på italienska restauranger, där den är omtyckt. Den gör en rejäl och nyttig lunch- eller kvällsrätt med sallad och använder ekonomiska ingredienser.

600 ml/1 pt/2½ koppar kall mjölk

150 g/5 oz/¾ kopp mannagryn (grädde av vete)

5 ml/1 tsk salt

50 g/2 oz/¼ kopp smör eller margarin

75 g/3 oz/¾ kopp riven parmesanost
2,5 ml/½ tsk kontinentalgjord senap
1,5 ml/¼ tsk riven muskotnöt
1 stort ägg, uppvispat
Blandsallad
Tomatketchup (catsup)

Blanda hälften av den kalla mjölken slät med mannagryn i en form på 1,5 liter/2½ pt/6 koppar. Värm den återstående mjölken utan lock på Full i 3 minuter. Rör ner i semlan med saltet. Koka, utan lock, på Full i 7 minuter tills mycket tjock, rör om fyra eller fem gånger för att hålla blandningen jämn. Ta ur mikrovågsugnen och blanda i hälften av smöret, hälften av osten och all senap, muskotnöt och ägg. Koka utan lock på Full i 1 minut. Täck med en plåt och låt stå i 1 minut. Bred ut i en oljad eller smörad grund 23 cm/9 i fyrkantig form. Täck löst med hushållspapper och låt svalt tills det stelnar. Skär i 2,5 cm/1 i rutor. Lägg i en 23 cm/9 i smörad rund form i överlappande ringar. Strö över resterande ost, pricka med flingor av det återstående smöret och värm i en het ugn i 15 minuter tills den är gyllenbrun.

Skinka Gnocchi

Serverar 4

Förbered som för Gnocchi alla Romana, men tillsätt 75 g/3 oz/¾ kopp hackad parmaskinka med den varma mjölken.

Hirs

Serverar 4–6

Ett tilltalande och delikat korn, besläktat med sorghum, som är en offbeat ersättning för ris. Om den äts med baljväxter (ärtor, bönor och linser) blir den en välbalanserad, proteinrik måltid.

175 g/6 oz/1 kopp hirs
750 ml/1¼ pts/3 koppar kokande vatten eller fond
5 ml/1 tsk salt

Lägg hirsen i en 2 liters/3½ pt/8½ koppsform. Rosta, utan lock, på Full i 4 minuter, rör om två gånger. Blanda i vattnet och saltet. Stå på en tallrik vid spill. Koka utan lock på Full i 20–25 minuter tills allt vatten har absorberats. Lufta upp med en gaffel och ät direkt.

Polenta

Serverar 6

En ljusgul korn gjord av majs, liknar mannagryn (grädde av vete) men grövre. Det är en basstärkelsemat i Italien och Rumänien, där den är mycket respekterad och ofta äts som tillbehör till kött-, fågel-, ägg- och grönsaksrätter. På senare år har det blivit en trendig restaurangspecialitet, ofta skuren i rutor och serverad grillad (stekt) eller stekt (sauterad) med såser som liknar de som används för spagetti.

150 g/5 oz/¾ kopp polenta
5 ml/1 tsk salt
125 ml/¼ pt/2/3 kopp kallt vatten
600 ml/1 pt/2½ koppar kokande vatten eller fond

Lägg polentan och salt i en 2 liters/3½ pt/8½ koppsform. Blanda slätt med det kalla vattnet. Blanda gradvis i det kokande vattnet eller fonden. Stå på en tallrik vid spill. Koka, utan lock, på Full i 7–8 minuter tills mycket tjock, rör om fyra gånger. Täck med en tallrik och låt stå i 3 minuter innan servering.

Grillad Polenta

Serverar 6

Förbered som för Polenta. När den är tillagad, bred ut i en smörad eller oljad 23 cm/9 i fyrkantig form. Jämna till toppen med en kniv doppad i och ur hett vatten. Täck löst med hushållspapper och låt svalna helt. Skär i rutor, pensla med oliv- eller majsolja och grilla (stekt) eller stek (svits) konventionellt tills de är gyllenbruna.

Polenta med pesto

Serverar 6

Förbered som för Polenta, men tillsätt 20 ml/4 tsk röd eller grön pesto med det kokande vattnet.

Polenta med soltorkad tomat eller olivpasta

Serverar 6

Förbered som för Polenta, men tillsätt 45 ml/3 msk soltorkad tomat- eller olivpasta med det kokande vattnet.

Quinoa

Serverar 2–3

En ganska ny på scenen proteinrik spannmål från Peru med en märkligt krispig konsistens och lätt rökig smak. Den passar till all mat och är en ny ersättning för ris.

125 g/4 oz/2/3 kopp quinoa
2,5 ml/½ tsk salt
550 ml/18 fl oz/2 1/3 koppar kokande vatten

Lägg quinoan i en skål på 1,75 liter/3 pt/7½ kopp. Rosta, utan lock, på Full i 3 minuter, rör om en gång. Tillsätt salt och vatten och blanda ordentligt. Koka på Full i 15 minuter, rör om fyra gånger. Täck över och låt stå i 2 minuter.

Rumänsk Polenta

Serverar 4

Rumäniens notoriskt rika nationalrätt – mamaliga.

1 kvantitet Polenta
75 g/3 oz/1/3 kopp smör
4 nypocherade stora ägg
100 g/4 oz/1 kopp Fetaost, smulad
150 ml/¼ pt/2/3 dl syrad (mejerisyra) grädde

Förbered polentan och låt den ligga i den maträtt som den tillagades i. Slå i hälften av smöret. Häll lika stora högar på fyra uppvärmda tallrikar och gör en fördjupning i varje. Fyll med äggen, strö över osten och toppa med resten av smöret och grädden. Ät direkt.

Curryris

Serverar 4

Passar som tillbehör till de flesta orientaliska och asiatiska maträtter, speciellt indiska.

30 ml/2 msk jordnötsolja
2 lökar, fint hackade
225 g/8 oz/1 kopp basmatiris
2 små lagerblad
2 hela kryddnejlika
Frön från 4 kardemummabaljor
30–45 ml/2–3 msk milt currypulver
5 ml/1 tsk salt
600 ml/1 pt/2½ koppar kokande vatten eller grönsaksbuljong

Häll oljan i ett fat på 2,25 liter/4 pt/10 koppar. Värm, utan lock, på Full i 1 minut. Blanda i löken. Koka, utan lock, på Full i 5 minuter. Rör ner alla resterande ingredienser. Täck med plastfolie (plastfolie) och skär den två gånger så att ånga kan komma ut. Koka på Full i 15 minuter, vänd på skålen fyra gånger. Låt stå i 2 minuter. Dela runt lätt och servera.

Keso och risgryta

Serverar 3–4

En stor amalgam av smaker och texturer som kom tillbaka från Nordamerika för några år sedan.

225 g/8 oz/1 kopp brunt ris

50 g/2 oz/¼ kopp vildris

1,25 liter/2¼ pts/5½ koppar kokande vatten

10 ml/2 tsk salt

4 st vårlökar (salladslökar), grovt hackade

1 liten grön chili, kärnad och hackad

4 tomater, blancherade, skalade och skivade

125 g/4 oz knappsvamp, skivad

225 g/8 oz/1 kopp keso

75 g/3 oz/¾ kopp cheddarost, riven

Lägg det bruna och vilda riset i ett fat på 2,25 liter/4 pt/10 koppar. Rör ner vattnet och saltet. Täck med plastfolie (plastfolie) och skär den två gånger så att ånga kan komma ut. Koka på Full i 40–45 minuter tills riset är fylligt och mört. Häll av vid behov och ställ åt sidan. Fyll en 1,75 liters/3 pt/7½ kopps gryta (holländsk ugn) med omväxlande lager av ris, lök, chili, tomater, svamp och keso. Strö tjockt över riven cheddar. Koka, utan lock, på Full i 7 minuter, vänd på skålen två gånger.

Italiensk risotto

Serverar 2–3

2,5–5 ml/½–1 tsk saffranspulver eller 5 ml/1 tsk saffranstrådar
50 g/2 oz/¼ kopp smör
5 ml/1 tsk olivolja
1 stor lök, skalad och riven
225 g/8 oz/1 kopp lättlagat risottoris
600 ml/1 pt/2½ koppar kokande vatten eller kycklingfond
150 ml/¼ pt/2/3 kopp torrt vitt vin
5 ml/1 tsk salt
50 g/2 oz/½ kopp riven parmesanost

Om du använder saffranssträngar, smula dem mellan fingrarna i en äggkopp med varmt vatten och låt stå i 10–15 minuter. Lägg hälften av smöret och oljan i en form på 1,75 liter/3 pt/7½ kopp. Värm, utan lock, på avfrostning i 1 minut. Rör ner löken. Koka, utan lock, på Full i 5 minuter. Rör ner ris, vatten eller fond och vin och antingen saffranstrådarna med vattnet eller saffranspulvret. Täck med plastfolie (plastfolie) och skär den två gånger så att ånga kan komma ut. Koka på Full i 14 minuter, vänd på skålen tre gånger. Pudra försiktigt i resten av smöret, följt av saltet och hälften av parmesanosten. Koka utan lock på Full i 4–8 minuter, rör försiktigt med en gaffel varannan minut, tills riset har absorberat all vätska. Tillagningstiden beror på vilket ris som används.

Svamprisotto

Serverar 2–3

Bryt 20 g/1 oz torkad svamp, helst porcini, i små bitar, tvätta noggrant under kallt rinnande vatten och blötlägg dem sedan i 10 minuter i det kokande vattnet eller kycklingfonden som används i det italienska risottoreceptet. Fortsätt som för italiensk risotto.

brasilianskt ris

Serverar 3–4

15 ml/1 msk oliv- eller majsolja
30 ml/2 msk torkad lök
225 g/8 oz/1 kopp amerikanskt långkornigt eller basmatiris
5–10 ml/1–2 tsk salt
600 ml/1 pt/2½ koppar kokande vatten
2 stora tomater, blancherade, skalade och hackade

Häll oljan i en 2 liters/3½ pt/8½ koppsform. Tillsätt den torkade löken. Koka utan lock på Full i 1¼ minuter. Rör ner alla resterande ingredienser. Täck med plastfolie (plastfolie) och skär den två gånger så att ånga kan komma ut. Koka på Full i 15 minuter, vänd på skålen fyra gånger. Låt stå i 2 minuter. Dela runt lätt och servera.

Spanskt ris

Serverar 6

En nordamerikansk specialitet som inte har mycket med Spanien att göra förutom tillsatsen av paprika och tomater! Ät till fågel- och äggrätter.

225 g/8 oz/1 kopp lättlagat långkornigt ris
600 ml/1 pt/2½ koppar kokande vatten
10 ml/2 tsk salt
30 ml/2 msk majs- eller solrosolja
2 lökar, fint hackade
1 grön paprika, kärnad och grovt hackad
400 g/14 oz/1 stor burk hackade tomater

Koka riset i vattnet med hälften av saltet enligt anvisningarna. Håll dig varm. Häll oljan i en skål på 1,75 liter/3 pt/7½ kopp. Värm, utan lock, på Full i 1 minut. Rör ner lök och peppar. Koka, utan lock, på Full i 5 minuter, rör om två gånger. Blanda i tomaterna. Värm, utan lock, på Full i 3½ minut. Blanda i det varma riset med resten av saltet och servera genast.

Vanlig turkisk pilaf

Serverar 4

225 g/8 oz/1 kopp lättlagat risottoris
Kokande vatten eller grönsaksfond
5 ml/1 tsk salt
40 g/1½ oz/3 msk smör

Koka riset i det kokande vattnet eller fonden med saltet tillsatt enligt anvisningarna. Tillsätt smöret i skålen eller skålen. Låt stå i 10 minuter. Avtäck och gaffel runt. Täck med en plåt och värm på Full i 3 minuter.

Rik turkisk pilaf

Serverar 4

225 g/8 oz/1 kopp lättlagat risottoris

Kokande vatten

5 ml/1 tsk salt

5 cm/2 i bit kanelstång

40 g/1½ oz/3 msk smör

15 ml/1 msk olivolja

2 lökar, fint hackade

60 ml/4 msk rostade pinjenötter

25 g/1 oz lamm- eller kycklinglever, skuren i små bitar

30 ml/2 msk vinbär eller russin

2 tomater, blancherade, skalade och hackade

Koka riset i vattnet och salta, i en stor skål eller skål, enligt anvisningarna med tillsatt kanelstång. Avsätta. Lägg smöret och oljan i en skål på 1,25 liter/2¼ pt/5½ kopp och värm utan lock på Full i 1 minut. Blanda i alla resterande ingredienser. Täck med en tallrik och koka på Full i 5 minuter, rör om två gånger. Rör försiktigt ner det varma riset med en gaffel. Täck som tidigare och värm på Full i 2 minuter.

Thailändskt ris med citrongräs, limeblad och kokos

Serverar 4

Ett under av utsökt delikatess, lämplig för alla thailändska kyckling- och fiskrätter.

250 g/9 oz/generös 1 kopp thailändskt ris

400 ml/14 fl oz/1¾ koppar kokosmjölk på burk

2 färska limeblad

1 blad citrongräs, delat på längden eller 15 ml/1 msk hackade citronmelissblad

7,5 ml/1½ tsk salt

Häll riset i en form på 1,5 liter/2½ pt/6 koppar. Häll kokosmjölken i en måttkanna och fyll upp till 600 ml/1 pt/2½ koppar med kallt vatten. Värm, utan lock, på Full i 7 minuter tills det börjar bubbla och koka. Rör försiktigt ner riset med alla resterande ingredienser. Täck med plastfolie (plastfolie) och skär den två gånger så att ånga kan komma ut. Koka på Full i 14 minuter. Låt stå i 5 minuter. Avtäck och ta bort citrongräset, om det används. Dela runt försiktigt och ät det lite mjuka och klibbiga riset direkt.

Okra med kål

Serverar 6

En kuriosa från Gabon, mild eller varm beroende på mängden chili som ingår.

30 ml/2 msk jordnötsolja
450 g/1 lb savojkål eller vårgrönt (collard greens), fint strimlad
200 g/7 oz okra (damfingrar), toppad, svansad och skuren i bitar
1 lök, riven
300 ml/½ pt/1¼ koppar kokande vatten
10 ml/2 tsk salt
45 ml/3 msk pinjenötter, lätt rostade under grillen (broiler)
2,5–20 ml/¼–4 tsk chilipulver

Häll oljan i en 2,25 liters/4 pt/10 koppar gryta (nederländsk ugn). Rör ner det gröna och okra följt av resten av ingredienserna. Blanda väl. Täck med plastfolie (plastfolie) och skär den två gånger så att ånga kan komma ut. Koka på Full i 7 minuter. Låt stå i 5 minuter. Koka på fullt i ytterligare 3 minuter. Häll av vid behov och servera.

Rödkål med äpple

Serverar 8

Magnifik med varm gammon, gås och anka, rödkål är av skandinavisk och nordeuropeisk härkomst, en sötsyrlig och numera ganska smart tillbehör, på sitt bästa beteende i mikrovågsugnen där den håller sig en djupt rosig färg.

900 g/2 lb rödkål
450 ml/¾ pt/2 koppar kokande vatten
7,5 ml/1½ tsk salt
3 lökar, fint hackade
3 kokta (syrliga) äpplen, skalade och rivna
30 ml/2 msk ljust mjukt farinsocker
2,5 ml/½ tsk kumminfrön
30 ml/2 msk majsmjöl (majsstärkelse)
45 ml/3 msk maltvinäger
15 ml/1 msk kallt vatten

Putsa kålen, ta bort eventuella blåmärken eller skadade yttre blad. Skär i fjärdedelar och ta bort den hårda centrala stjälken, strimla sedan så fint som möjligt. Lägg i ett fat på 2,25 liter/4 pt/10 koppar. Tillsätt hälften av det kokande vattnet och 5 ml/1 tsk av saltet. Täck med en tallrik och koka på Full i 10 minuter, vänd skålen fyra gånger. Rör om väl och blanda sedan i det återstående kokande vattnet och resterande salt, lök, äpplen, socker och kummin. Täck med plastfolie (plastfolie) och skär den två gånger så att ånga kan komma ut. Koka på Full i 20 minuter, vänd på skålen fyra gånger. Ta bort från mikrovågsugnen. Blanda majsmjölet slätt med vinägern och kallt vatten. Tillsätt den varma kålen och blanda väl. Koka, utan lock, på Full i 10 minuter, rör om tre gånger. Låt stå kallt innan kylning över natten. Att tjäna, Täck igen med färsk plastfilm och skär den två gånger så att ånga kan komma ut, värm sedan på Full i 5–6 minuter innan servering. Alternativt kan du överföra delarna till sidoplåtarna och täcka var och en med hushållspapper och sedan värma upp var och en för sig på Full i 1 minut vardera.

Rödkål med vin

Serverar 8

Förbered som för rödkål med äpplen, men ersätt hälften av det kokande vattnet med 250 ml/8 fl oz/1 kopp rödvin.

Norsk surkål

Serverar 8

900 g/2 lb vitkål
90 ml/6 msk vatten
60 ml/4 msk maltvinäger
60 ml/4 msk strösocker
10 ml/2 tsk kumminfrön
7,5–10 ml/1½–2 tsk salt

Putsa kålen, ta bort eventuella blåmärken eller skadade yttre blad. Skär i fjärdedelar och ta bort den hårda centrala stjälken, strimla sedan så fint som möjligt. Lägg i en 2,25 liters/4 pt/10 koppar skål med alla återstående ingredienser. Blanda noga med två skedar. Täck med plastfolie (plastfolie) och skär den två gånger så att ånga kan komma ut. Koka på upptining i 45 minuter, vänd på skålen fyra gånger. Låt stå i kökstemperatur över natten för att smakerna ska mogna. För att servera, lägg individuella portioner på sidotallrikar och täck varje med hushållspapper. Värm upp individuellt på Full, låt cirka 1 minut vardera. Täck ordentligt och kyl sedan eventuella rester.

Stewed Okra i grekisk stil med tomater

Serverar 6–8

Mycket marginellt österländsk karaktär, denna något off-beat grönsaksrätt har blivit ett gångbart förslag nu när okra (damfingrar) är mer allmänt tillgänglig. Det här receptet passar utmärkt till lamm eller som en egen rätt, serverad med ris.

900 g/2 lb okra, toppad och svansad
Salt och nymalen svartpeppar
90 ml/6 msk maltvinäger
45 ml/3 msk olivolja
2 lökar, skalade och finhackade
6 tomater, blancherade, skalade och grovt hackade
15 ml/1 msk ljust mjukt farinsocker

Bred ut okran på en stor platt plåt. För att minska risken för att okran spricker och får en slemmig känsla, strö över salt och vinäger. Låt stå i 30 minuter. Tvätta och torka av på hushållspapper. Häll oljan i en form på 2,5 liter/4½ pt/11 koppar och tillsätt löken. Koka, utan lock, på Full i 7 minuter, rör om tre gånger. Rör ner alla resterande ingredienser inklusive okran och smaka av. Täck med en tallrik och koka på Full i 9–10 minuter, rör om tre eller fyra gånger, tills okran är mjuk. Låt stå i 3 minuter innan servering.

Gröna med tomater, lök och jordnötssmör

Serverar 4–6

Prova denna Malawi-specialitet med skivat vitt bröd som vegetarisk huvudrätt eller servera som tillbehör till kyckling.

450 g/1 lb vårgrönt (collard greens), fint strimlad
150 ml/¼ pt/2/3 kopp kokande vatten
5–7,5 ml/1–1½ tsk salt
4 tomater, blancherade, skalade och skivade
1 stor lök, finhackad
60 ml/4 msk knaprigt jordnötssmör

Lägg grönsakerna i ett fat på 2,25 liter/4 pt/10 koppar. Blanda i vattnet och saltet. Täck med plastfolie (plastfolie) och skär den två gånger så att ånga kan komma ut. Koka på Full i 20 minuter. Avtäck och rör ner tomater, lök och jordnötssmör. Täck som tidigare och koka på Full i 5 minuter.

Sötsyrlig gräddbetor

Serverar 4

Detta attraktiva sätt att presentera rödbetor går tillbaka till 1890, men det är för närvarande tillbaka på modet.

450 g/1 lb kokt rödbetor (rödbetor), grovt riven

150 ml/¼ pt/2/3 kopp dubbel (tung) grädde

Salt

15 ml/1 msk vinäger

30 ml/2 msk demerara socker

Lägg rödbetan i en 900 ml/1½ pt/3¾ koppsform med grädde och salt efter smak. Täck med en plåt och värm igenom på Full i 3 minuter, rör om en gång. Rör ner vinäger och socker och servera direkt.

Rödbetor i apelsin

Serverar 4–6

Ett livligt och originellt tillbehör till julkött och fågel.

450 g/1 lb kokta rödbetor (rödbetor), skalade och skivade

75 ml/5 msk färskpressad apelsinjuice

15 ml/1 msk maltvinäger

2,5 ml/½ tsk salt

1 vitlöksklyfta, skalad och krossad

Lägg rödbetan i en grund form med en diameter på 18 cm. Vispa ihop resterande ingredienser och häll över rödbetan. Täck med plastfolie (plastfolie) och skär den två gånger så att ånga kan komma ut. Koka på Full i 6 minuter, vänd på skålen tre gånger. Låt stå i 1 minut.

Pilselleri

Serverar 6

En stilig vinterrätt i gourmetstil som passar ihop med fisk och fågel.

4 magra rashers (skivor) bacon, hackade

900 g rotselleri (rotselleri)

300 ml/½ pt/1¼ koppar kallt vatten

15 ml/1 msk citronsaft

7,5 ml/1½ tsk salt

300 ml/½ pt/1¼ koppar enkel (lätt) kräm

1 liten påse potatischips (chips), krossad i påsen

Lägg baconet på en tallrik och täck med hushållspapper. Koka på Full i 3 minuter. Skala rotsellerin tjockt, tvätta väl och skär varje huvud i åtta bitar. Lägg i ett fat på 2,25 liter/4 pt/10 koppar med vatten, citronsaft och salt. Täck med plastfolie (plastfolie) och skär den två gånger så att ånga kan komma ut. Koka på Full i 20 minuter, vänd på skålen fyra gånger. Dränera. Skiva rotsellerin och lägg tillbaka till fatet. Rör ner bacon och grädde och strö över chipsen. Koka, utan lock, på Full i 4 minuter, vänd på skålen två gånger. Låt stå i 5 minuter innan servering.

Selleri med apelsin Hollandaisesås

Serverar 6

Selleri med en strålande gyllene, glänsande topping av citrus Hollandaisesås att prova med anka och vilt.

900 g rotselleri (rotselleri)

300 ml/½ pt/1¼ koppar kallt vatten

15 ml/1 msk citronsaft

7,5 ml/1½ tsk salt

Maltesisk sås

1 mycket söt apelsin, skalad och segmenterad

Skala rotsellerin tjockt, tvätta väl och skär varje huvud i åtta bitar. Lägg i ett fat på 2,25 liter/4 pt/10 koppar med vatten, citronsaft och salt. Täck med plastfolie (plastfolie) och skär den två gånger så att ånga kan komma ut. Koka på Full i 20 minuter, vänd på skålen fyra gånger. Dränera. Skiva rotsellerin och lägg tillbaka till fatet. Håll dig varm. Gör den maltesiska såsen och skeda över rotsellerin. Garnera med apelsinsegmenten.

www.ingramcontent.com/pod-product-compliance
Lightning Source LLC
Chambersburg PA
CBHW050350120526
44590CB00015B/1635